知的生きかた文庫

自己肯定感が高まる習慣力

三浦　将

JN108869

三笠書房

●プロローグ――人は誰もが素晴らしい潜在能力を持っている

つい他人と比較して、自分を否定してしまう。
失敗すると、とことん自分を責めてしまう。
そして「こんなことではダメだ。もっと頑張らなくては……」と思いつめる。

このように、普段から自分を否定したり、責めたりしていると、「自己肯定感」がなかなか持てません。

自己肯定感とは、自分にダメ出しをせず、自分のことを認めたり、自分にOKを出したりすることができる感覚です。自己肯定感が高いと、物事に取り組む意欲(モチベーション)や幸福度が高まり、より積極的な、自分らしい人生を送ることができるようになります。

一方、自己肯定感が低いと、どんなにがんばっても満たされることがなく、何を得ても幸福感が持てず、いつも不安と焦りの中で生きることになります。

もし今あなたが、自己肯定感が持てないことに悩んでいるとしたら、それはあなたの潜在意識の中にある「思い込み」が原因です。思い込みというのは、大抵の場合、事実とは異なります。その思い込みがあなたに自己否定を引き起こす構造を作っているのです。

言ってみれば、自己肯定感の悩みとは、この事実ではない思い込みに踊らされているだけなのです。

そこで本書は、そんなあなたに、「心がラクになった」「人生がいい方向に変わった」と感じてもらうために書きました。

あなたの潜在意識の奥底で、自己否定の原因となっている「思い込み」を、自然に解消していく方法をお伝えします。

決して難しいことではありません。タイトルにも掲げたように、わずか3週間、楽しみながら、頑張らずに始動できる方法です。

私は、これまで人材育成・組織開発コンサルタントとして、エグゼクティブコーチとして、そしてビジネス書の著者として、多くの皆さんの自己変革のお手伝いをしてきました。

今でこそ、こうやって多くの人々を導くようなお仕事をしていますが、かつては、今の自分からは想像もできないほど、自分をひどく否定しがちな時期がありました。

しかし「このままではダメだ……」と行きづまってから、弱い自分への対処法を少しずつ変えていき、その積み重ねで状況をガラッとひっくり返した経験があるのです。

そこで本書では、自己肯定感が低く、何をやるにも、一生懸命になれなかったかつての私の、お恥ずかしい体験談もご披露しながら、「どうしたら人生がよりイキイキしたものになるか」、その秘訣について具体的にお伝えします。

人にはそれぞれ、その人にふさわしい能力の発揮方法があります。

それに従うと、自分には想像もつかなかったような潜在能力があったことに気づきます。

コーチングなどを通して、人の自己変革と潜在能力発揮を促す仕事をしている者として、今、私が確信を持って言えることは

人は誰もが素晴らしい潜在能力を持っている

ということです。

もちろん、あなたも、私もです。

自分自身を受容し、自己の理解が進んでいくと、あなたが本来持っている能力の発揮の仕方がだんだんと分かってきます。

あなたが叶えたい未来の実現のために、より自分らしく生きられるステップについて、これから順を追ってご紹介していくことにしましょう。

三浦 将

目次

第1章

これが自己肯定感の正体

第2章 思い込みを外す3ステップ

第3章

思い込みを解消する2つの習慣力

第4章 「自己肯定感」を高める3つの方法

第5章

自分を変える2つの習慣

第1章

これが自己肯定感の正体

「自己肯定感」は、
元々十分に備わっている！

自己肯定感が低いのは、能力のせいではない

本書がメインテーマとして扱うのは「自己肯定感《じここうていかん》」です。

「自己肯定感が低いんです。何とかなりませんか?」

私のところには、こんな悩みを打ち明けるクライアントさんが、たくさんやってきます。自己肯定感に関する悩みを持っているのは、仕事で業績が上がってない人や、人間関係に悩んでいる人だけではありません。組織でエース的な存在と見られている方や、はたまた、トップクラスのアスリートなどからも頻繁《ひんぱん》にご相談を受けます。

自己肯定感、とあらためて聞くと、

「そういえば、自己肯定感はあまり高いほうではないかもしれない」

「自分によくダメ出ししているかも……」

「モヤモヤした悩みの原因は、自己肯定感の低さにあるのかもしれない」

などと感じるかもしれません。

自己肯定感を持てないのは、日々の中で「私はダメだ」と自己否定をすることが多いからです。自己否定することが多いと、自己肯定感が持てなくなっていくだけでなく、内側からもストレスやプレッシャーを受けているような心の状態が続き、ラクに生きにくくなります。

これは非常にもったいないことです。

自分で自分を否定し、その可能性（未来の能力）を認めない状態になるので、あなたの未来の力の発揮に多大な支障をきたしてしまうのです。

逆に言えば、自己否定が少なくなると、心のリミッターが外れ、あなたの本来の力が発揮される方向に自然と脳と体が動くことで、あなたの想像以上のパフォーマンス発揮につながります。

自己肯定感を持てない人、7つの特徴

ここで、自己肯定感を持てない人の特徴をご紹介しておきます。

①欠乏感を満たすために、他人と比較ばかりしている

自己肯定感が持てない人は、自己受容ができていないので、**常に心に欠乏感があり、それを満たす要素を他人との比較に求めがちになります。**

人と比較して優越感を得られる場合はまだいいのですが（これだけでは根本的な解決にはなりませんが……）、相手が自分を上回っている場合、この比較行為でさらに自己肯定感を下げ、劣等コンプレックスにつながってしまいます。

②「他人がどう言うか」を、度を越して気にする

自己肯定感の持てない人は、自分で自分を認めることができないため、自分に対する人からの評価が気になって仕方がありません。そのため、評価が良くなかった場合、自己否定にいつまでも留まってしまいがちになるところに特徴があります。

評価を気にするあまり、本当の自分とは違う自分を演出し、自分が本当に言いたい言葉を控えたり、行いたい行動を控えたりして、必要以上に相手に合わせたりすることもあります。

これは、〝謙虚〟とは似て非なるものです。これらの行動の背景には、批判された

り、否定されたりすることへの恐れや心配がいつもあるのです。

現代では、ネット上のコミュニケーションなどにおいても、この恐れや心配を極度に気にした薄っぺらなコミュニケーションを取り続けることで、逆にストレスや充足感のなさを募らせていく人が増えています。

③所属するものとアイデンティティを同一化しようとする

自己肯定感の持てない人は、自分の内側に充足の土台がないので、所属する会社や団体、出身の学校などと自分自身を同一化しやすい傾向があります。所属するものに誇りを持ったり、愛情やロイヤルティを持ったりすることは、素敵なことですが、度を越すと、そのアイデンティティを同一化して、切り離せなくなることがあります。その団体や会社が順調なうちはいいのですが、調子が悪くなると、自分まで調子が悪いと感じるようになってしまいます。

ある有名企業に属していたJさんは、自分と関係のないところで起きた不祥事により、その会社がなくなるという経験をしました。それまで自信満々だったように見えたJさんなのですが、この事件を境に、一気にうつ手前の状態にまでなってしまいました（その後、Jさんは元気に自己肯定感を取り戻しています）。

この例は、会社と自分とのアイデンティティの同一化によるものです。会社がダメになったことにより、自分まで同じようにダメになったと思ってしまったのです。

この原因は、切り離しができていないこと（同一化）にあります。**会社に誇りは持っているけど、会社は会社、自分は自分という切り離しができていないわけです。**

以前のJさんは、一見自信満々に見えても、実は本質的に自己肯定感が低く、有名企業というアイデンティティに無意識のうちに自分を同一化することによって、自分を何とか保とうとしていたのです。

④多様な意見を受け容れられない

「自分の意見は常に正しくなければいけない」と強く思い込んでいる人は、「正しくない意見には価値がない」と思いがちです。このため、自分の意見が正しくないということになれば、「自分には価値がない」というような極端な自己否定までしてしまいます。

「自分には価値がないと感じる場面を作りたくない」という恐れから、他の人が自分とは違う主張をしてきた時の受け容れの許容度が低いのが特徴です。

ひどい場合は、自分とは違う意見を出してきた人を激しく攻撃することもあります。これは、潜在意識下にある〝恐れ〟による攻撃反応です。**人は恐れの感情が過度になると、防衛本能から、人を攻撃するようになるのです。**

このように、自己肯定感の低さは、時に攻撃性となって現れ、争いの元にまでなってしまいます。

争いにまで至らない場合でも、他人からの多様な意見を受け容れられず、会議や、仕事仲間との協調が必要なシーンで、対立的な態度や言動を取ってしまいがちになることもあるのです。

とはいえ、自分の意見の正しさを徹底的に信じるがゆえ、相手から出てくる反対意見を認められない場合もあります。

こんな場合、自己肯定感の低い人は、相手の意見という範疇《はんちゅう》を超えて、相手自体を否定しようとします。「坊主憎けりゃ、袈裟《けさ》まで憎い」というように、「相手の意見が憎ければ、相手まで憎い」という感じです。

一方、自己肯定感をしっかり持っている人は、相手の意見と相手自身をちゃんと切り分けることができます。

「私はあなたの意見には反対だ。だがあなたがそれを主張する権利は命をかけて守る」

これは、哲学者であり、フランスの啓蒙主義を代表する人物であるヴォルテールの有名な言葉です。相手の意見自体と、相手が意見を主張する権利とを切り離して考えているのです。

⑤自己顕示欲が強い

よく言われるオラオラ系の人、肩で風を切っている系の人、こういったタイプの人たちは、一見自信満々に映ります。しかし、こういった自己顕示欲が強い人たちも、**自分自身をちゃんと受容できないことの欠乏感を、外からの承認をもらうことによって埋めようとしていることがほとんどです。**だから、オラオラやりながら、他人にアピールし、気にかけてもらうことが必要なのです。

また、すぐに相手をマウンティングしようとする人も、勢い盛んに見えても、その実、自己肯定感を持てなかったりしています。

その点、自己肯定感をちゃんと持っている人は、オラオラとアピールしたり、派手に演出したりする必要もないので、いたって穏やかだったり、たとえ高級なものを身にまとっていたとしても、品の良い見え方だったりするのです。

⑥自分は相手のことを分かろうとしないのに、相手には「自分のことを分かってほしい」と期待する

自己肯定感を持てない人は、何かにつけて意識が自分ばかりに向きます。自分を守ることや、自分をアピールすることに必死で、エネルギーのほとんどを自分に費やさずにはいられないのです。だから、精神的な余裕がなく、結果、他の人のことをちゃんとおもんぱかることができません。

コミュニケーションをしていても、意識は常に自分中心で、相手のことをちゃんと理解しようとする意識が薄いことが多く、この特性は、この手の人の傾聴力の弱さに

も現れます。相手の話がちゃんと聞けないのです。

反面、相手に対しては、「私の気持ちをちゃんと分かって欲しい」という欲求がとても強いので、相手が自分のことをちゃんと理解してくれようとしないと、すぐ腹を立てたり、落ち込んだりします。

このように、コミュニケーションにおける双方向性のアンバランスがあり、一見、話がとても上手そうに見えても、本質的にコミュニケーションは上手くありません。

⑦結局、自分のことばかり考えている

自己肯定感を持てない人は、自ずと自己中心的になります。なんだかんだ言って、結局自分のことばかりを考えているのです。

先ほどのように、相手のことをちゃんと分かろうとしないのに、「誰も自分のことを分かってくれない」などと言い出します。このため、人とのつき合いも表面的になりがちです。友達がたくさんいて、宴会やパーティーなどにもよく顔を出し、周りから〝社交的な人〟と見られているような人でも、実は、本当のつながりを感じる友達がいなかったりします。

さて、自己肯定感を持てない人の特徴をピックアップしましたが、これらを読んで、もしかしたら、「多くが自分に当てはまる！」とショックを受けている方もいらっしゃるかもしれません。

でも、安心してください。

ひとつも当てはまらない人など、おそらく誰もいません。

実際、私自身もいくつかは心当たりがあります。これらは程度の問題で、大小はあれども、誰しも持っている傾向です。ただ、極端にその傾向が出ていると、その人の自己肯定感の低さが反映されているということです。

これは決して、あなたを落ち込ませるために言っているのではありません。あなたに〝自己肯定感の正体〟の理解を深めていただくために明らかにしたのです。なぜなら、正体さえ分かってしまえば、ちゃんとした対策が取れるからです。

良いニュースは、これからお伝えしていくことを実践していくことによって、これらの特徴はあなたの中からひとつずつ消え去っていくということです。

そもそも「自己肯定感」って何？

ところで自己肯定感というと、よく聞く言葉であるにもかかわらず、その実、「何だか今ひとつ分かるようで分からない」という方が多いのではないでしょうか。

自己肯定感の悩みを解決するためには、**まず「自己肯定感とは何ぞや？」、つまり、その正体を知るところから始める必要があります。**

スポーツなどでも、強い相手と対戦する時に、その対戦相手のことをちゃんと研究していないと、対策の取りようがありません。これと同じで、このケースでも、まずはちゃんと自己肯定感の正体を正確に知る必要があるのです。

さらに、解決のためには、その対象を〝恐れている〟状態でいるのは、なるべく避けたほうが良いでしょう。〝相手のことがよく分からない〟状態では、人は基本的に恐れを抱く傾向にあります。それに対し、いくら手強《てごわ》い相手でも、相手のことがある程度分かっていると、恐れは半減するものです。だから、その正体を知ることは、解決のためにとても重要なことなのです（例えば、お化け屋敷に入る時も、どこにどんなお化け役が潜んでいて、どんな動きをするかをあらかじめ分かっていれば、何も怖くはありません）。

そこでこの章では、自己肯定感の正体を明らかにしていきます。

あなたは自分で自分の自己肯定感を下げている!?

まずお伝えしたいのは、**「自己肯定感が低いのは、あなたの能力のせいではない」**ということです。

先にお伝えしたように、非常に高い能力を持っている人でさえ、自己肯定感は信じられないほど低かったりします。根本原因は能力の問題ではないのです。

もし、あなたがなかなか自分を肯定できないと感じているとしたら、**あなたの中にあるいくつかの「〜でなければならない」という強い思い込みが色濃く影響しています。**

この強い思い込みがあなた自身への否定感を強くし、結果的に自己肯定感をどんどん下げていく方向に差し向けているのです。

だから、この思い込みを解消し、否定感の原因がなくなれば、あなたの自己肯定感は自ずと回復していきます。

なぜなら**自己肯定感というものは元々あなたに十分備わっているからです。**

元々「ある」のです。

ただ、強い思い込みを持ちながら生きてきたことが、自己肯定感を一時的に低い方向に追いやっているだけ。だから、それを元通りに回復させてあげればいいのです。

そしてそれは、十分に可能なことなのです。

「認めて！　認めて！」症候群のRさん

自己肯定感について、理解しやすいように、私のクライアントであるRさんのケースを例に取ってお話ししましょう（本書に登場する方々の事例については、すべてご本人の了承をいただいた上で、取り上げています）。

Rさんは、非常に優秀なビジネスウーマン。人一倍がんばり屋さんで、会社の中でも数少ない女性管理職の一人です。

一方、お話をうかがってみると、職場での人間関係に苦しんでいて、その自己肯定感は驚くほど低い状態でした。

以下は、Rさんとのやり取りです。

私　「どんなお悩みがあるのですか？」

Rさん「職場の人間関係についてです。人間関係が上手くいっていません」

私　「詳しく教えてもらえますか？」

Rさん「周りのみなさんに認めてもらおうと、そして受け容れてもらおうと一生懸命がんばってきました。それなりの成果も残してきました。でも、認めてもらおうとすればするほど、上手くいかなくなるのです」

私　「がんばってきたんですね。でも人間関係が上手くいかない」

Rさん「そうなんです。やればやるほど孤立していくようで、それがツラいんです」

私　「ツラいんですね」

Rさん「そうです。だから毎日がんばっているのです」

私　「認められ、受け容れてもらえるため何をしていますか？」

Rさん「とにかく業績を上げて、それをしっかりアピールすることです。優秀であるということを示さなければ、認めてもらえません」

私　「本音を言うと、どんな感じですか？」

Rさん「『認めて、認めて、みんな何で私を評価してくれないの？』という感じです」

私　「そんな想いでやってきたんですね」

Rさん「はい。でも、本当は会社の中でつながりを持ちたかったんです。みんなに認めてもらいたくて『認めて、認めて』と発信するんですが、発信すればするほど周りの人は離れてしまい、『何でなの？』と。負のループに入っていくような感じなんです」

私「ちょっとおうかがいします。人はあなたが優秀だからつながりを持ちたいと思うのでしょうか？」

Rさん「そうだと思います」

私「それは、〝本当のつながり〟ですか？」

Rさん「えっ⁉　そう言われると、そうではないかも……」

私「〝人とつながるためには優秀でなければならない〟と決め付けてしまったら、優秀でない人はどうなりますか？　友達も持てないですか？」

Rさん「それじゃあ、私がみんなとつながりたいと思って、がんばって勉強してきた人生は無意味だったってことですか！」

私「無意味じゃないですよ。努力し、成長することはとても尊いことです。一方、〝優秀じゃないと人は受け容れてくれない〟、本当にそうですか？」

Rさん「……」

私「例えば、あなたの親友は、あなたが優秀だから友達でいるのですか？」
Rさん「いえいえ、そんなことはないです」
私「あなたが優秀でなくなったら、あなたから離れていきますか？」
Rさん「それでは本当の親友ではないです」
私「ですよね」
Rさん「でも、会社の人とつながりを持とうと思ったら、優秀じゃないといけないと思い込んでいました……」
私「なぜ？」
Rさん「だって、仕事ができない人なんて信頼できないじゃないですか」
私「その通りだと思います。仕事の上ではね。でも、人間としてはどうですか？」
Rさん「う～ん……」
私「〝優秀だからその人を受け容れる〟って本当のつながりですか？」
Rさん「……」
私「あなたの親友は完璧《かんぺき》な人間ですか？　完璧だから付き合っている？
その人のありのままをまるごと受け容れるから、親友なのではないですか？」

Rさん「そうですね。私はずっと〝優秀でないと人に受け容れてもらえない〟という恐れにかられて、やってきたのかもしれない」

私「そういう思い込みがあったにせよ。がんばってきたんですよね」

Rさん「はい（涙）」

私「Rさんが人一倍努力してきたことで培《つちか》われた優秀さは、これからも多くの人々の役に立つのだと思います。努力は無意味ではありませんね」

Rさん「ありがとうございます！」

私「Rさんが優秀であることはみんな分かっています。『認めて、認めて』とアピールするRさんではなく、ありのままのRさんとつながりを持ちたいと思っているのではないでしょうか」

Rさん「ダメな自分を、ありのままの自分を受け容れてないから、人に対してもそうだし、みんなとつながっている感じがしないので、がんばっていないとすごく不安になるのだと、気づきました」

私「いいですね。努力することは、自分に自信をつけるためにも大事です。一方、本来人間は、努力することによって、より人に貢献することができるから努力するのではないでしょうか。なぜなら、〝人に貢献している〟という感覚は、人に何事にも変えがたい幸福感をもたらすからです。人は人の役に立ちたいのです」

Rさん「〝努力しなければならない〟じゃなくて、〝努力したい〟という思いになってきました」

私「いいですね。そんな自分をまず認めてあげてください。そして、受け容れてあげてください。できる範囲で、少しずつでいいですよ」

Rさん「そう言われると、できるような気がします」

私「どんな気分ですか？」

Rさん「何だかずいぶんラクになりました。自然にがんばれるような気がします」

私「その調子でいきましょう」

こうしてRさんは、無理に自分をアピールすることなく、人の仕事をフォローしてあげたり、周りの人のために動いたりすることが多くなりました。そして、周りの人たちとの関係性や相互信頼も自然に高まり、笑顔が溢《あふ》れる人となっていきました。

Rさんが自己肯定感を持てなかったのは、「優秀でなければ受け容れてもらえない」という強い思い込みが原因でした。これは子どもの頃から、くり返し刷り込まれ続けてきた思い込みです。そのせいで、認めてもらいたいというアピールが過剰になり、会社での人間関係が悪化、それによりさらに自己否定をしてしまうという負のサイクルができていました。

このように、人との〝本当のつながり〟を持っている感覚がないと、人の自己肯定感は上がりません。つながりを持てない自分を心の底で否定し続けるからです。

Column

人は皆、「しなやかマインドセット」を持って生まれてくる

あなたは、自分の資質は天性のものであり、変化しないと思っていますか？
それとも、努力次第で伸ばせると思っていますか？

つまり、「生まれ持った資質ができるかどうかを決める」と思っているのか、「大抵のことはやればできるようになる」と思っているかの違いです。

スタンフォード大学心理学部のキャロル・ドゥエック教授は、前者のように思うマインドを「硬直マインドセット（fixed-mindset）」、後者を「しなやかマインドセット（growth-mindset）」と呼んでいます。

人間の資質は、努力次第でいくらでも伸ばせると信じる「しなやかマインドセット」は、自己肯定感と同じように、元々あなたの中にあったものです。しかし、中学生あたりから、急激に硬直マインドセットに変わっていく人が増えるといいます。

教授によると、「しなやかマインドセット」の人は、失敗をした場合などでも、現時点での自分の能力を、ありのままに受け容れることができるといいます。一方、「硬直マインドセット」の人は、失敗した場合、「拒絶されているような感じがする」「私はダメな人間」というように、自分を否定しがちになるとのことです。

この構造から、「硬直マインドセット」を持っている人は、自ずと自己否定をしやすく、「しなやかマインドセット」を持っている人は、自己肯定感を持ちやすい傾向があるといえます。

重要なことは、人間は元々この「しなやかマインドセット」の状態で生まれてくるということです。だから、人間には元々自己肯定感が備わっており、自己肯定感が低いと思う人も、それを取り戻すことができるということなのです。

「自分を受け容れる」とは
ありのままの存在を認めること

自分にOKを出す

さて、自己肯定感の正体が少しずつ見えてきたでしょうか。
ここから、さらに迫っていきたいと思います。
自己肯定感とは、一体何なのでしょうか。
なぜ、自己肯定感が重要なのでしょうか。

自己肯定感は、「どれだけ自分のことを受け容れているか」の指標です。
自分を受け容れることを自己受容といいます。受け容れるとは、自分にOKを出すという感覚でもあります。

良いとか悪いとか、できるとかできないではなく、どんな自分も受け容れられているのが、完全な自己受容の状態。この状態であれば、自己肯定感は満点です。自分を評価するというよりも、自分という存在をそのまま「まるごと受け容れている」のが、自己受容。この受け容れ度合いが自己肯定感なのです。

変な話ですが、バカボンのパパの口癖は「これでいいのだ」。たとえやってみたことが大失敗に終わったり、大変なことが起こったりしても、いつも最後は「これでいいのだ」。

これは、パパが非常に高い自己受容状態にあることを示しています。パパは、決して自分にダメ出しせず、何があってもいつもニコニコとしています。**パパに、能力があるとかないとか、そんなことは関係なく、パパの心の中はいつも「これでいいのだ！」なのです。**

ちょっと極端な例ですが、バカボンのパパのように自己受容ができたら、どんなにラクかと思います。

状態がNGでも、存在自体はOKである

「自分を受け容れる」という表現に違和感がある方もいらっしゃるかもしれません。

自己肯定感を上げるには、これをするだけでいいのに、世の中の多くの人たちが、自己肯定感の低さに悩んでいます。それは、この自己受容についての理解が足りない

今がNo Goodでも、自己受容はできる

受容状態	今の状態	自分という存在	未来の状態
自己受容をしていない	No Good	OKでない	良くなりそうもない
自己受容をしている	No Good	OK	良くなっていく

からでもあります。

「自分を受け容れる」ということは、人生の中でも最も大切なことの一つですが、学校でも会社でもちゃんと教えてくれないので、概念として慣れていないのは当然なのでしょう。

この受け容れるとは、今の状態の良い悪いという評価ではなく、自分という存在自体にOKを出すことです。

OKとは、「仮に今はNo Goodな状態だとしても、それはあくまで状態であって、私の本質ではない。だから状態はNo Goodだけど、自分という存在にはOKを出す」ということです。

ここでは、**今は何かを達成していなくて**

も、自分の未来の可能性を承認したり、今できることを何とかしようと少しでもがんばっている自分を受け容れています。ですから、たとえ今の自分の状態はNo Goodでも、その存在自体はOKなのです。

行為をとがめられても、存在を認められれば立ち直れる

「そんなことを言ったら、悪いことをしてもOKなのか！」

と思う方もいらっしゃるかもしれません。

このポイント、自己肯定感を理解するためにとても大事なところです。

例えば、ある子どもがケンカをして、他の子を殴ったとします。

ここに先生Aの対応と、先生Bの対応の例を挙げます。

先生A「人を殴ったらいけません。謝りなさい。もうしてはいけませんよ」

先生B「人を殴るなんて、なんてひどい子なの。ろくな大人になりませんよ」

どうでしょうか？　仮にあなたが他の子を殴ってしまった当人だとしたら、この2つの違いをどう感じますか？

先生Aは、殴ったという行為に対して、素直に反省し、謝罪し、二度としないように促しています。しかし、「あなたはダメだ」とは言っていません。

これは、殴ったあなたの行為自体はいけないこと、でも、あなたの存在自体はOKというメッセージなのです。

そして、「もうしてはいけませんよ」と、あなたには良くなる可能性があり、「未来のあなたは人を殴るような人ではなくなっている」という承認を持って接してくれています。つまり、過去の行為に対しては厳しくしているが、あなた自身については、しっかりと受容し、肯定してくれているのです。

一方、先生Bはどうでしょうか。

この先生は「何てひどいことをするの」とあなたの行為をとがめているのではなく、「何てひどい子なの」と、あなた自身を否定しています。つまり、あなたの存在自体にダメ出ししているのです。

加えて、ろくな大人にならないと、決めつけながら、あなたを見ています。こんな接し方をくり返されたら、あなたは今後どうなってしまうと思いますか？

行為そのものをとがめられても、存在自体は認め、受容してもらえたなら、人は立ち直ることができます。そして、良くなることもできます。しかし、存在自体にダメ出しされたら、立ち直る勇気がくじかれるのです。

「悪いことをしてもOKなのか」という質問に答えるなら、殴った行為自体はOKではありません。厳しく反省を促されるべきことです。しかし、その子の存在自体はOKなのです。

これは甘やかしではありません。行為に対しては、甘やかしてはいないからです。しかし、存在自体をちゃんと認めて、「本来は人を殴るような子ではないはず」と、その存在にOKを出してあげなければ、本人も立つ瀬がなくなってしまいます。それではよくなるものも、よくなりません。

あなたが、先生Bの言葉から受けた何とも言えない嫌な感覚は、そんな承認感、受容感の不足から来ているのです。

「過去の自分」と「未来の自分」を切り離す

今度は、例えば、あなたが一生懸命努力してきたにもかかわらず、ある試験に失敗してしまったという状況を想定してみてください。

こんな時、あなたはどうなりますか？「ああ、何て私はダメなんだろう」と思ってしまうでしょうか？

普通ならそうなりますよね。ショックの直後は、人間の感情が前面に出てくるから致し方ありません。大事なのは、この後です。

「ああ、何て私はダメなんだろう。私には力がないんだ」

と自分を否定し続けるかどうか。

否定し続ければ、自己肯定感は下がっていきます。そして、これが続けば自己肯定感の低い状態が慢性化していきます。

ここで大事なのは、「過去の自分」と「未来の自分」を切り離してあげることです。

「試験を振り返ると、○○○と△△△の対策がちゃんとできていなかった。甘かった点を反省しよう。OK、これからしっかりと対策を取れば、合格できる！」というように、「過去はこうだった、でも未来の自分は違う」と切り離し、自己受容ができれば、未来に向かう力は増大していきます。

「いや、でも、そんな気分にはなれないほど落ち込むことだってある……」

と思われる方も、いらっしゃるかもしれません。

そうですよね。生きていれば、そんな気分にもなれないほど、痛手を食らうこともあります。

ショックが強い時は、落ち着くための時間がしばらく必要です。この時間では無理にポジティブに考えようとせず、**まず沈静のための時間が必要な自分にOKを出して、十分に時間を取ってあげましょう。**

「しょうがないよね。これだけのショックを食らったんだから、落ち着くまで少し時間がいるよね。しばらくは何もしなくていいよ。今はそれでOK」という感じです。

そして、落ち着いたら、未来の可能性に向かって進み出せばいいのです。

落ち着くための時間を「何もしない、何もできないダメな時間」とするのと、「必要な時間だから、ちゃんと取ってＯＫ」とするのでは、その時間の意味も違ってきます。そして、後者のほうが、落ち着くために要する時間も、結果的に短くなるということに気づくでしょう。

このような時間でも、できるだけ自分にダメ出ししないことが肝心。「今の自分にはまだ合格するだけの力がない」と素直に認めたとしても、「自分はダメ」と、自分自身の可能性にまでダメを出し、それを未来の自分に結びつけることは極力やめること。そして、これをやめることを少しずつ習慣化することです。

これだけでも、気分と、この後の自己肯定感に大きな違いが出てきます。

自信が持てれば解決する？

前述の通り、自己肯定感は、どれだけ自分を受け容れているかの度合いです。

だから、自分のことを受け容れず、ダメ出しをし、自己否定をすれば、自己肯定感は下がります。ことあるごとに、ダメだ、ダメだとやっていたら、ちゃんとした自己肯定感はおよそ持てません。

こういう話をすると、「では、努力して、実績を上げて、自信が持てるようになれば自己肯定感を持てるのではないか？」と考える人がいます。

それは、YESでもあり、NOでもあります。

「自分は結構自信家だと思います」と語っていたベンチャー企業の役員Yさん。勢いのある論調で、相手を自分のペースに持っていく、抜群の能力を持つ方です。

このYさん、しばらく「周りに敵なし」というくらい、その能力を存分に発揮している期間が続きました。

ある日、役員としてヘッドハンティングされた方が、新しいメンバーとして現れました。この方、物腰は柔らかいけれども、端的でキレ味鋭い意見を随所で出してくる方でした。

Yさんの心中は穏やかではありません。この方の登場以来、あんなに自信のあった自分の能力が、とてもちっぽけなものに見えてきました。やがて、そんな自分にダメ出しを始めます。Ｙさんは、その能力に自信はあったものの、本当の自己肯定感を持っていたわけではなかったのです。

自信を持つことは大切です。しかし、その自信が、〝他人と比較しての自信〟や、**〝他人の評価からの自信〟だけでは、本当の自己肯定感にはつながらないのです。**

このケース、自分のほうが優れている場合や、評価が高い場合は良いのですが、逆の場合は、多くの人が自己否定を起こし、自分にダメ出しをし始めてしまうことにもなりかねません。

「あの人より優れている」、「あの選手より強い」と思えば、それはそれで自信になります。人からの評価が高ければ、自信になるし、ランク付けなどで、高いランクになれば、これまた自信になります。自己肯定感も上がったように感じます。

しかし、極端な言い方をしてしまえば、これは〝一時的なもの〟です。

「あの人より優れている」と思って自信を持っても、自分よりずっと優れている人が出てくれれば、その自信は一瞬で吹っ飛んでしまいます。

人と比較しての自信は、自分の外側の評価基準からの自信です。だから、外側の環境が変われば、なくなってしまう可能性もあるのです。

「いかなる時も自分自身をちゃんと受け容れていること」、この内側の心の働きが本当の自信。外側と比較しての自信は、本当の自信を持つための要素のひとつ。しかしながら、十分条件ではないので、外側の自信だけでは、本当の自己肯定は得られないのです。

先ほど、「YESでもあり、NOでもある」と言ったわけが、これでお分かりになったでしょう。

他人との比較では、自己肯定感を維持できないわけ

このように、他人との比較や、他人からの評価による自信は実に不安定なものです。これで自己肯定感を保ち続けようと思えば、その実力を世界一にするしかありません。

例えば、中学生の時に、学年一番の成績でも、トップクラスの高校へ行けば、いきなり学年の真ん中ぐらいになってしまったりします。がんばってそこでもトップにな

ったとしても、その後トップクラスの大学に行けば、自分より優秀だと感じるクラスメイトがゴロゴロいたりします。

また仮にそこでもトップになったとしても、社会に出れば、自分より仕事ができたり、お金を稼いでいたりする人がゴマンといる事実を目《ま》の当たりにするわけです。コーチングや研修、講演などを通じて、高学歴なのに自己肯定感の低い人にたくさんお目にかかってきました。傍《はた》から見れば、もっと自信を持ってもよかったり、自己肯定感が高くていいはずと思える人でも、その人の心の中は自己否定でいっぱいだったりします。人と比較したり、人の評価を気にしたりするので、自ずと自己否定が起こるのです。

エリート路線を走ってきた人が、大きな自信喪失の出来事があって、その自己肯定感が一気に下降してしまうというケースもあります。こういうことに慣れていないので、その衝撃をもろにくらいやすく、深い痛手を負ってしまうのです。

このように、自己肯定感の根本というのは、あくまで自分を自分でどこまで受け容れられるかという自分の内面の問題です。他人との比較ではありません。

一方、「人と比較するのは悪いことではないと思う。すごい相手がいることは、もっとがんばろうというパワーになる」という人もいます。

このように、それが自分のパワーにつながる感覚のある時は、他人との比較を上手く使うことをおすすめします。なぜなら、この時「自分はOK。一方、世の中にはもっとすごい奴がいる。未来の自分はもっとすごいことをしてみせる！」という意識で、現在の自分にちゃんとOKを出せている状態だからです。

結局、他人と比較して優越感を得ることで、自分の自信を満たそうとするのは、自分の中の欠乏感を満たそうとする行為です。これは、本当の自己受容ができていないので、欠乏感を何らかの形で補わなければいけない状態なのです。

それに対し、すごい相手の存在が、自分がさらに進むためのパワーになる感覚のある時は、欠乏感がない状態で、ちゃんと自己受容ができているのです。

Column

成功者のマインドセット

成功者の方々にその成功要因は何だったと思うかとおうかがいすると、「現状に満足しないこと」という答えが返ってくることがよくあります。これが成功者のパワーの源でもあると考えられます。

成功者のマインドセットには、まず未来の自分の能力、つまり自分の可能性への強い承認があります。さらに、よくお話をうかがってみると、それと同時に、ここまでやってきた自分へのちゃんとした承認も持っていることが伝わってきます。この承認感を持っているので、「ここまでやってきた自分はOK。だが現状には満足しない。もっとやれる」というマインド状態を保っていられるのです。

一方、多くの人は、現状に満足しないという思いとともに、「そんな自分はダメ」

という自己否定を持ってしまう傾向にあります。若くて、血気盛んな時期は、こんなマインドで乗り切れても、年を重ねるごとに、その自己否定感はどんどん心の中に堆積していきます。自己否定が習慣となってしまうのです。

これでは、自己肯定感も上がりようがありません。

成功者のマインドセットは、現状には満足しないが、自己否定をせず、自分を承認しながら、未来への挑戦を続けていくことにあるのです。

そして、このマインドセットは、習慣次第で誰でも持つことができるのです。

事実と異なる〝思い込み〟に人は踊らされる

自己肯定感を持てないのはなぜ？

自己肯定感について、かなり理解が深まってきたのではないかと思います。そこでここからは「〜でなければいけない」という思い込みについて、詳しく解説します。

Rさんの例にあったように、「〜でなければいけない」という思い込みが、自己否定を起こりやすくし、自己肯定感を低くしてしまう大きな原因となります。

この思い込みの強さが、結果「そうでない自分はダメ」という自己否定につながり、自己肯定感を下げるのです。

思い込みというのは大抵の場合、事実とは違います。滑稽《こっけい》なもので、人は事実とは違うことに振り回され続けるのです。

Rさんの場合は、「優秀でなければ、会社の人とつながりを持てない」という思い込みが、Rさんの意識と潜在意識の奥にこびりついていました。

では、この思い込みは事実でしょうか？

違いますよね。人は相手が優秀だから、その人と本当のつながりを持ちたいと思うのではありません。

たしかに、人は誰しも優秀であったり、高いポジションにいたり、お金持ちだったりする人と知り合いになりたいという、ちょっとしたスケベ根性を持っています。それはそれで、とても人間っぽい部分なので、私は決して否定しません。

しかし、それは、よく言う〝コネ〟のような表面上のつながりを求めているだけであって、その人と「本当のつながりを持ちたいかどうか」はまた別のことなのです。

果たして、優秀であるということが、本当のつながりのために一番大切な要素なのでしょうか？　あなたは、相手が優秀だから心を開こうとするのでしょうか？

実際、「認めて！　認めて！」とアピールを続けていた頃のRさんには、誰も心を開こうとしませんでした。そうではなく、人の仕事をフォローしてあげたり、他の人たちのために動いたりするようになって初めて、周りの人はRさんに心を開き、本当のつながりがしっかりと形成されていったのです。

〝恐れ〟を感じさせる思い込みが人を苦しめる

思い込みというものは、育った家庭の環境や、地域の環境、学校や職場の環境などに影響され、いつの間にかあなたの潜在意識の深いところに根付きます。そのような環境下で、くり返し言われることや、場合によっては〝常識〟として語られ続けることが、あなたの潜在意識の中に浸透し、やがてその思い込みは、強い決めつけとなって、存在するようになります。

それは、外から見たら、〝思い込み〟であり、〝決めつけ〟に過ぎないのですが、あなた自身の中では、〝当たり前のこと〟や〝絶対のこと〟になってしまっているのです。

そして、人は知らずしらずのうちに、潜在意識下にこびりついたこの思い込みに踊らされるようになるのです。それがやがては、自己肯定感を持てない原因ともなり、そんなことに悩み続けたりします。

ここで大事なことをお伝えしておきます。

それは、私はこの〝思い込み〟を、全面否定しているわけではないということ。思い込みには、良い思い込みというのもあります。〝都合の良い思い込み〟という言い方が適切かもしれません。

〝踊らされる〟と聞くと、何だかおもしろくない気持ちになるのではないかと思いますが、良い思い込みは、私たちを気分良く踊らせてくれます。

例えば、「人生は素敵なもの」という思い込みを持っていると、自然と毎日の気分が良いものとなります。この〝都合の良い思い込み〟があると、時に何かとてもツライことや悲しいことがあっても、あまりこたえなかったり、立ち直りやすくなったりもします。このような思い込みは、私たちを気分良く踊らせてくれます。結果、人生が素敵なものになっていくのです。

逆に、〝あまり都合が良くない思い込み〟もあります。そこで、あなたの中にある思い込みが、どちらなのかを判別する簡単な方法があります。

それは、踊らされ続ける力の源が、〝恐れ〟に基づくかどうか、を見極めることです。

Rさんの場合、「優秀でなければいけない」という思い込みを持っていました。かつてのRさんの心の中では、これが〝当たり前化〟していて、Rさんを苦しめる原因となっていました。

この思い込みには、ある前提がくっついていました。それは「人とつながるためには、優秀でなければいけない」というものです。

Rさんのそれまでの人生の中で、何らかの形で、この思い込みが刷り込まれ続けたのでしょう。このことにより、「優秀でなければ、人とつながることができない」という、脅迫観念にも似た恐れにかられる事態を引き起こしていたのです。

これは、いかにも都合が良くない感じですよね。

これでは、人とのつながりを感じない状態になると、「自分はダメだ。優秀さが足りないんだ」という自己否定と欠乏感に陥り、もっと自分をアピールするようになります。そして、アピールをすればするほど人は遠ざかっていくという悪循環に深く落ちていきます。

このように、恐れを発生させる思い込みというのは、自分が不甲斐《ふがい》ない形で踊らさ

れ続ける原因となり、結果、自己肯定感がどんどん下がっていくことになるのです。

一方、「人生は素敵なもの」という思い込みの場合は、恐れが背景にあるわけではないので、このような悪循環は起こらず、むしろ好循環を生みます。

何かにチャレンジする時、努力をし続けようとする時、恐れを背景にした〝都合の良くない思い込み〟は、「～でなければいけない」というmustの感情を生み、〝都合の良い思い込み〟は、「～したい」というwantの感情を生むところにそれらの特徴があります。

「ダメだ」ではなく、「ここを変えればいい」

ここで、〝都合の良くない思い込み〟の例をいくつか挙げておきます。

大事なことは、チェックをして、「自分はこんな思い込みがいっぱいある。自分はダメだ」と落ち込むことではありません。

チェックをして、「そうか！　ここを何とかすればいいんだ！　長年の悩みが解決するかもしれないぞ！」という、ポジティブな発見として捉えていただけると良いと思います。

都合の良くない思い込みの例

優れていなければならない
がんばらなくてはいけない
正しくなければならない
正解を言わなければいけない
失敗してはいけない
嫌われてはいけない
常識に沿わなければならない
良い人に思われなければ仲間になれない
集団生活では人に合わせなければいけない

これらを〝いい加減〟、つまり程良い加減にしてあげることで、あなたの潜在意識の中にある思い込みを解消し、自己肯定感を下げる原因が取り払われていく方向に向けていくのです（具体的な方法については、後述します）。

日本人は自己肯定感が極端に低い

ニュースなどで報道されているように、日本人の自己肯定感は、欧米諸国の人のそれと比べて、相対的にかなり低いといわれています。

内閣府による日本を含めた7カ国の満13～29歳の若者を対象とした意識調査（平成30年度「我が国と諸外国の若者の意識に関する調査」）の結果を見ても、そのことが分かります。

この調査で、「自分自身に満足している」という問いに対して、「そう思う」もしくは「どちらかと言えばそう思う」と答えた人の割合が、日本の若者の場合半分以下の45・1％。一方、欧米の5つの先進諸国の若者たちの場合は、すべて70％を超えています。

また、同じアジアの国である韓国の若者たちの場合も70％を超えている事実を見ると、日本の若者たちの自己肯定感がいかに低いものであるかが分かります。

謙虚さを尊《たっと》び、謙虚であることを美徳とする文化が日本にはあります。このこと自体は、とても素晴らしいことであり、世界に誇るべき文化です。

しかし、本来なら素晴らしいはずの〝謙虚の文化〟が、少しおかしなことになりつつあることが、日本の若者たちの自己肯定感が、他の先進国に比べ、極端に低いということに少なからず影響していると感じます。

卑下するのではなく、謙虚になる

では、そもそも「謙虚」とは一体何でしょうか？

『大辞林 第三版』（松村明編、三省堂）にはこう書いてあります。

謙虚：ひかえめでつつましやかなさま
自分の能力・地位などにおごることなく、素直な態度で人に接するさま

あらためてこの定義を見ると、謙虚であることとは、本当に素晴らしい人間の品性であると感じます。

一方、同じように自分自身への評価を表す言葉で「卑下」というものがあります。

これは『大辞林』では、

卑下：自分を人より劣った者として扱うこと。へりくだること

謙虚は、控えめで、自分の能力や地位におごることがない姿勢。ここで重要なのが、**本当に謙虚な人は、おごりはしないが、自分自身のことはちゃんと認めて受け容れているということです。**そして、静かな自信を秘めていること。この辺りに、日本男児、大和撫子《なでしこ》の強さと品性があります。

これはまさに、しっかりとした自己肯定感がある状態。自己肯定感があり、人との

比較を中心にして生きていないから、素直になれるのだと思います。

また、謙虚な人は威張《いば》りません。自分が受容できており、充足感があるので、威張ってそれを満たす必要がないからです。

このため、「天は人の上に人を造らず、人の下に人を造らず」という福沢諭吉の言葉のように、人と人としての関係に変な上下感覚がないのです（もちろん、年齢であるとか、上司・部下とか、社会構造上の仕組みにおける上下関係は大切にし、敬意の心は決して忘れません）。

一方、卑下するとは、自分を人より劣ったものとして扱い、へりくだること。つまり、ちゃんと自分自身を認めていない状態です。

また、相手のほうが強いとへりくだり、自分のほうが上だと思うと威張るというように、恐れの感情を根本とした上下感覚が、卑下する人の特徴です。

卑下する人は、「自分なんて」という言葉をよく使います。「自分なんて大したことありません」とか「自分なんてダメです」という感じです。

一方、謙虚な人は、「自分はまだまだ」とは言いますが、「自分なんて」とは言いません。**謙虚な人は、今の自分のことをちゃんと認めて、自分の中に可能性を感じているからこそ、「自分はまだまだ」となるのです。**

「自分にはもっと可能性があるけど、今の自分はまだまだだ。ここまでがんばってきて、今の時点で今の自分はＯＫ。でも、本来はもっと遠くに行けるはずだ」という感じです。

自己肯定感の正体が分かったら、どうする？

このように、謙虚な状態と卑下している状態、この2つには雲泥《うんでい》の差があります。

かつての日本では、日本人の特性である謙虚さを尊び、本当の意味で謙虚な人を育てる教育が行われていたのだと思います。

例えば、幕末や明治時代の人たちは、欧米の列強からも恐れられるような、逞《たくま》しさと強靭《きょうじん》な胆力《たんりょく》を持ち合わせていました。これは、しっかりした自己肯定感を持ち、

「OK、でもまだまだいける」ということをくり返すことができるものを持っていたからなのでしょう。

一方、特に戦後から現代においては、どうもやたらと卑下する人を作り出すような、社会になってしまったような気がしてなりません。

人の可能性を承認するのではなく、今できないことに対してダメ出しをする。学業の偏差値というものを、あたかも絶対的な価値として、その優劣で良い悪いを判断する。戦後始まった偏差値教育の影響なのか、今の子どもたちは常に人と比較し、「自分はダメ、がんばらないともっとダメになる」という恐れにかられて勉強しています。

親や教師も、「ちゃんと勉強しないと、いい大学にも行けないし、いい就職もできない、結果どうしようもない人生になる」といったような脅し文句（本人たちは脅しているとと気づいていない）を並べ立てて、子どもたちを過度に勉強にかり立て続けています。

子どもたちは、脅しと恐れの中、本当の自信や、自己受容が持てないまま育つので、自ずと謙虚ではなく、卑下する子どもに育ってしまうのではないかと感じています。

もうお分かりでしょう。

卑下する状態、これこそが、自己肯定感を持てない大きな原因です。

恐れにかられ、「〜でなければならない」と思ってしまう。そして、常に人と比較し、他人が自分のことをどう思うかをやたらと気にするのです。

日本人は、本来、謙虚という素晴らしい文化を持っています。しかし、これはややもすると、おかしなズレ方をして、卑下するという形になりがちです。だから、しっかりと本当の意味での謙虚なマインドに戻してあげる必要があるのです。

さて、自己肯定感の正体が分かってしまいましたね。

正体が分かれば、もう半分くらい解決したような気になりませんか？

一方、自分があまりにも自己肯定感が低い人の特徴に合致するので、落ち込んだ方もいらっしゃるかもしれません。しかし、プールの下に深く沈んでも、一旦底に足がついてしまえば、今度は自然に上昇できるものです。

勝負は、「この時点からどうするか？」ということ。

これまで自己肯定感に悩んできた方は、偶然にも本書に巡り合った機会をしっかりと活用してください。

次章からは、自分の人生を上昇方向に展開するための方法をお伝えします。

第2章

思い込みを外す3ステップ

［思い込みを外すSTEP①］

自分の中の「思い込み」を見つける

「思い込み」が分かる4つの質問

第1章で、自己肯定感の正体について、その全体像が見えてきたと思います。

いよいよ本章では、自己肯定感を持つための具体的な方法を解説します。


ここでくり返しお伝えします。

あなたは元々、しっかりとした自己肯定感を持っています。

もし今、「自己肯定感が低い」と感じているのなら、それは、一時的に紛失しているだけです。取り戻せばいいのです。


そして、このこともくり返しお伝えします。

自己肯定感が低いのは、あなたの能力のせいではありません。

第1章を読んで、お分かりになったと思いますが、自己肯定感が低いのは、能力のせいではありません。能力が高い低いで、人と比較ばかりすること自体が、自己肯定

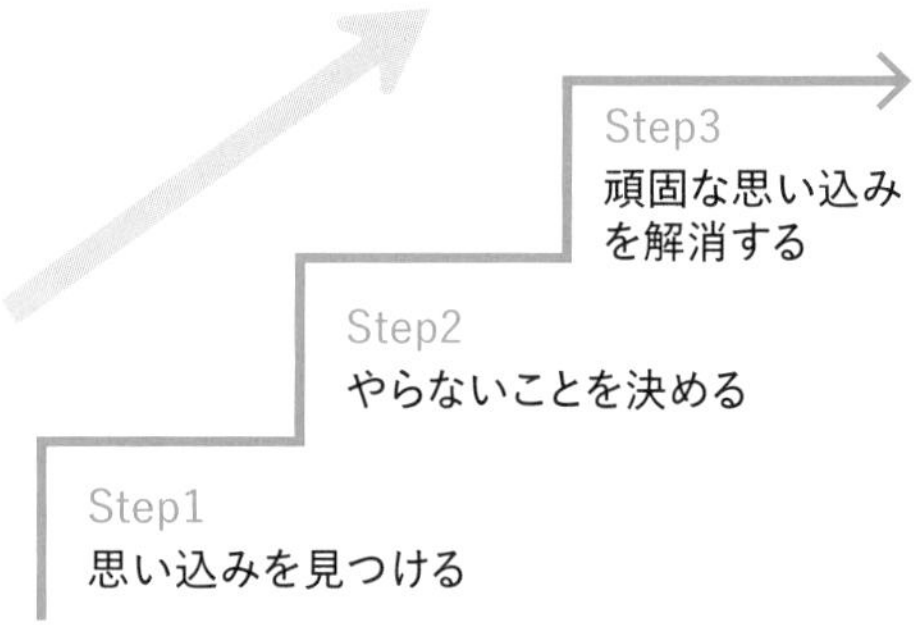

感を下げる原因となっているのです。

自己肯定感を取り戻す第1ステップは、あなたが**「自己否定をしがちになる構造を見つけ、変えてあげる」**ということです。自己否定をしがちになる構造は、あなたの中にある思い込みが作っています。

自己肯定感を取り戻すために、まずは、あなたの心の中にどんな思い込みがあるかを見つけましょう。

はっきり言えることは、「ネガティブな思い込みを持っていると損をする」ということです。

自己肯定感の損失だけでなく、ネガティブな思い込みは、あなたの人生に損害を与え続けます。

あなたは自分の人生の主人公として、そして自分の人生の経営者として、人生に損害を与えるものを看過し続けることができますか？

できないと思うなら、まずはその思い込みを明確にするところから始めましょう。ここは面倒くさがらずに、ちゃんと明確にしなくてはいけません。面倒くさいと思って何もしないのは、経営でいえば〝怠慢経営〟をしているようなもの。**人生の経営者として、自分の人生に損害を与える原因に真剣に向き合うこと**、これが本当に大切です。

もし、あなたが自分の中にどんな「～でなければいけない」が潜んでいるか明確でないならば、次ページの4つの質問に答えてみてください。

4つすべてに答えなくてもかまいませんが、答えられる質問には、できるだけたくさんの項目を出してみるといいと思います。本に直接書き込んでも、付箋《ふせん》などに書き出してみてもいいでしょう。

4つの質問

【1】日常生活で「～でなければいけない」と感じるのは、どんなことですか？

【2】仕事や会社で「～でなければいけない」と感じるのは、どんなことですか？

【3】ちょっとしたストレスやプレッシャーを感じる時、どんな「～でなければいけない」が出てきますか？

【4】不安や心配を感じる時、どんな「～でなければいけない」が出てきますか？

この4つの質問の中で、特に、こうした思い込みのために、つい他人と比較したり、自分にダメ出しをしてしまいがちになったりするものはどれでしょうか？

自己否定の原因になる思い込みからは、恐れにかられている must の感覚が生まれているはずです。そんな感覚を特に強く持つ思い込みを次の欄に書いてみてください。

思いつく限り、いくつ挙げていただいてもかまいません。

・あなたの自己肯定感を下げている思い込み

［思い込みを外すSTEP②］

「やらないこと」を決める

「どうでもいい」のすごいパワー

あなたの自己肯定感を下げる思い込みがなんとなくでも分かったら、今度はその思い込みを放っておくか、解消するかの判断になります。

どうしたいでしょうか？
どうにかしたいですか？

どうにかするためには、**この思い込みにより、意識、無意識の両方でこだわっていることを、「どうでもいい」という感覚にするプロセスに入ることが肝心です。**

この思い込みに支配されることなく、「どうでもいい」と距離を置けるようになれば、あなたが自己否定をしがちになる構造がなくなっていくのです。

ここで、「どうでもいいという感覚を自分に許すと、何だかすごくいい加減な人間になってしまうような気がする」と思われる方がいらっしゃるかもしれません。むしろ多くの人がそうだと思います。

大事なことは、「どうでもいい」ものと、そうでないものを切り分けることです。

若干大げさな言い方に聞こえるかもしれませんが、「どうでもいい」ものと、そうでないものを切り分けるのは、人生戦略です。

何をして、何をしないか

戦略とは何でしょうか?

簡単に言えば、「何をして、何をしないかを決めること」。企業でいえば、どの事業を推進して、どの事業をやらないかを決めることも戦略です。

私はその昔、あるスノーボードメーカーで働いていました。そのメーカーの戦略は明快でした。

やること：1枚板

やらないこと：1枚板でないもの

どういうことかというと、事業としてやるのは、1枚板であるスノーボード、スケートボード、そしてサーフィン。だから、2枚板であるスキー事業には一切手を出しません。

これは、〝横ノリ〟といって、板に横向きで乗るアクションスポーツだけを扱うというポリシーであり、戦略でした。スキーは、板に対して、横ではなく、縦の位置で構えます。そして、「2枚板」だから手を出さない（この縦と横には、実は感覚的にも大きな違いがあるのです）。

このブランドポリシー上、そして事業戦略上からいうと、スキー事業については「どうでもいい」のです。「やりたい会社は頑張って！」という感じです。

この「どうでもいい」という感覚は、いい加減なものではありません。とても明確な基準に基づいた、巧みな戦略なのです。

スノーボードメーカーの中には、スキー事業だけでなく、テニス事業なども同時に行うメーカーが多い中、このメーカーは、今もこの戦略を徹底しています。〝横ノリ専門〟というものです。

このことにより、〝横ノリ〟が好きな人たちからの熱い支持と信頼を受け、スノーボード業界で圧倒的なブランド力を持つナンバーワンブランドであり続けています。

事実、このメーカーの製品は、ブランド価値が高いため、他メーカーと比べ、市場での値引き幅が非常に少ないのも特徴です。結果として、高い利益率を生み出し、そこから得た資金を製品開発などに潤沢に注ぎ込むことができています。そして、そこでまた他メーカーとの差が開いていくという好循環を生んでいるのです。

「気にしない」が人生をラクにする

このように、「どうでもいい」ということを明確に決めるのは、人生においての戦略上、とても大切です。**そして肝は、「どうでもいい」かどうかを決めることができる基準を持つこと。**

さて、あなたのその思い込みは、「どうでもいい」ことでしょうか？

それとも、依然として、あなたの意識と時間と労力を注ぎ続けたいものでしょうか？

あなたは「～でなければならない」という、あなたのその思い込みに、これまでずっと影響を受けてきました。つまり、ずっと「必要以上に気にしてきた」のです。**そう、気にするからいけないのです。気にしなかったら、どうということもありません。**気持ちいいくらい解放されます。

いじめなども、いじめられるほうが気にすると、さらにいじめられる確率が上がります。例えば、メガネをかけた小学生が「お前のメガネ、変なメガネ、変なメガネ」といじめられて、「目が悪い自分がいけない。目が悪いからこんな変なメガネをかけなくてはいけない」などと気にし続けると、いじめるほうをつけ上がらせて、いじめがエスカレートしていきます。

ここで、「変なメガネだけど、何か？」、「これがあるから助かっているんだよね。意外と気に入っているんだよね。何か？」と一向に気にする素振りを見せなければ、いじめるほうはおもしろくなくなって、いじめは続きません。

気にすることをやめる、つまり、**「気にしない」という状態になれるというのは、**

人生をかなりラクにしてくれます。

あなたが「気にしない」という状態にしたいことは、どんなことでしょうか？

この「気にしない」というのが、「どうでもいい」という状態です。「どうでもいい」状態に持っていくことを、心理学的に〝ニュートラル化〟と言います。それは、良い悪いという判断のない状態にすることです。「気にしたい人は気にすればいいし、気にしたくない人は気にしなければいい」というニュアンスです。

先ほどの例で言えば、「スキー事業をやりたいところはやればいいし、やりたくないところは、やらなければいい。私たちはやりたくないので、やらない。スキー事業のことはまったく気にしない。どうでもいい」というスタンスです。

これまでのあなたは、先ほどピックアップした思い込みに潜在意識レベルまで支配されていた状態だったかもしれません。そのために、都合の良くないことがたくさん起こってきたのでしょう。

しかし、ここまでお読みになったあなたは、すでにその正体が分かり、これからその対処方法を得ようとしているのです。

Column

イチローさんとピンクのTシャツ

本当の強さと〝気にしない〟ということの関係について、かつて、あのイチローさんが面白い見解を述べていました。

野球場内のクラブハウスにイチローさんが、薄いピンク色のTシャツを着ていったことがありました。そこで他の選手たちに「何だそれは、女みたいな服を着て」とからかわれたのです。

そう言われて、イチローさんはどうしたと思いますか?

次の日にもっと濃いピンクのTシャツを着て行ったのです。

イチローさんが、なぜそうしたかというと、それによって相手があきらめて、何も言わなくなることを知っていたからだといいます。そのため、ここで「白いTシャツを着たら負けだ」「屈したくない」と思い、そういう行動に出たのだそうです。

こう聞くと、多くの人が「心が強いからそういう行動をとれる」という見方をすることでしょう。

しかし、イチローさんは逆で、そういう行動をとるのは、自分の心が弱いからだと言います。というのも、本当に心が強い人は、からかう相手の声をスーっと聞き流せるからだそうです。

「屈したくない」と思って強く出るのではなく、「どうでもいい」と意識しないで聞き流せる、それがイチローさんの考える、本当の心の強さだと言います。だから、まわりの声を気にして反応する自分は、ある意味心が弱いともいえる、イチローさんはそんな見方をしていました。

選手生活後半のイチローさんは、この「どうでもいい」という感覚をしっかり身につけていたのではないかと感じています。

それって本当？　思い込みを疑え！

「どうでもいい」と思えるようになるためには、まず「その思い込みを疑う」ということが肝心です。

これは、ビジネスでいうところの**ゼロベース発想**でもあります。

ある会社でずっと長い間、社員のみなさんがやってきた仕事のやり方が、実はあまり効果・効率性が高いものでなかったり、時流に合わなくなってきたりしていることがあります。

それを盲目的にやり続けることに意味があるでしょうか。

そこで登場するのが、ゼロベース発想。

「そもそも、なぜこのやり方でやっているのか？」
「そもそも、そのやり方は、本当にベストなのか？」
というような問いを投げかけることによって、現時点における最適解を探っていき

ます。会社などでは、この問いに対して、

「そういえば、あまり理由を考えずにやり続けていた」

「みんながやっているので、そうしていた」

といった回答が返ってくるケースがよくあります。より質の高いビジネスを行うには、このように本質を問う姿勢が大切です。


ここでは、自分自身に対して、この問いを投げてみることにしましょう。

あなたが持っているその思い込みに対して、

「そもそも、それって本当？」

「いつもそうだと言える？」

「そう思っている必要なんてあるの？」

と問いかけてあげるのです。

やがて、その思い込みに対しての見方が変わってきます。

これが、「どうでもいい」と意識レベルだけでなく、潜在意識レベルでも思えるようになるための入り口になっていきます。

「正しくなければいけない」と思い込むGさん

世界的なブランドを持つ企業で、マネージャー職にあるGさん。

Gさんは、マネージャー会議であまり発言ができていないことを気にしていました。

私「会議であまり発言ができないとのことですが」

Gさん「そうなんです。私が最も発言していないんじゃないかな」

私「発言しようとする時、何が起こっていますか?」

Gさん「言おうとしていることが合っているかなとか、何か反論が来たら嫌だなとか、つい考えてしまいます」

私「そうなんですね。反論が来たらいけませんか?」

Gさん「嫌じゃないですか。自分の意見が間違っているようで」

私「反論が来たら、Gさんの意見が間違っているということ?」

Gさん「そうとは限らないけど、ちゃんと納得してもらえないのは、私のほうに落ち度があるということだと思います」

私「落ち度がある？　本当にそうですか？」

Gさん「正しくないということだと思います」

私「正しくなくてはいけませんか？」

Gさん「そりゃそうでしょ。ビジネスの場なんだから」

私「では、正しいって何ですか？」

Gさん「……」

私「今ここでも、正しくなければいけないと思って話していませんか？」

Gさん「……私は、いつも正しくなければいけない。失敗してはいけない、という思いにかられているような気がします……」

私「そう思ってしまうのですね」

Gさん「はい」

私「では、本当はどうしたいのですか？」

Gさん「本当はもっと自由に提案したいです。今後やりたい新たな取り組みもたくさんあるし。でも、そこにはみんなが納得してくれる正しさが必要なのです。自分にはそこまでのことができていない」

私　「そもそも、周りのみなさんが正しいと感じるからビジネスが成功するのでしょうか？」

Gさん「……そう言われれば、そうとは限りませんね」

私　「反論が一つもなく、みんなが正しいと思って進むことって……」

Gさん「それはそれで、ダイナミックさに欠けたビジネスになるような気がします」

私　「ですよね」

Gさん「（うなづく）」

私　「会議で、正しく聞こえるけど、ダイナミックさに欠けたビジネスを提案されたらどうですか？」

Gさん「それはおもしろくない」

私　「正しくない自分はダメですか？」

Gさん「……何かつまらないことにこだわっていたような気がします」

私　「Gさんには、自由に提案したい、新たな取り組みをしたい、という情熱がありますよね」

Gさん「そうです……そのために、もう少し、その正しくなければという思いを緩めてみることも必要なのかなと思い始めました」

Gさん「無理しない範囲で、何か少しずつやりたいことはありますか？」

私「今までは100％の正しさがなければ、発言や提案をしなかったけれど、これからは70％くらいでもいいかと」

Gさん「70％って言ってみてどうですか？」

私「まだ高い気がするけど、ちょっとラクになりました。これくらいから始めます」

Gさん「そうやって、徐々にそのバーを下げていくことができそうですか？」

私「そう、徐々にならら自分で受け容れていけるような気がします。それに伴って、発言が多くなったり、提案のスピードが速くなったりするのではないかと思うと、ちょっとワクワクします」

Gさん「いいですね。やってみてください」

Gさんの中にあったのは、**「正しくなければいけない」「ビジネスパーソンとして、正しいことを言わなければいけない」**という思い込みでした。

いろいろお話を聞くと、育った家庭環境の中で「正しいこと」を常に求められてきたと言います。これが刷り込み効果となって、Gさんの潜在意識レベルにまで定着し、「正しくなければいけない」という強い思い込みとなりました。

この思い込みが、

「出した意見に批判が出るようでは、自分の言っていることは正しくない」
↓
「正しくない自分はダメだ」
↓
「正しくなければ発言できない」

という構造を作り、会議などであまり発言ができない自分を作ってしまったのです。

そして「会議であまり発言ができない自分＝ビジネスパーソンとしてダメな自分」という自己否定の悪循環をくり返し、自己肯定感を下げ続けていたわけです。

そんな思い込みを持ってしまったことは、仕方がないことです。大事なことは、その思い込みに気づくこと。そして、気づいたらどうするかを選択することです。

Gさんは、正しさを求めるバーを自分自身で低くしてみることを選択しました。**それは、正しさを求め過ぎることが、発言や提案のスピードを妨《さまた》げる原因になっていることを深く認識したからでもあります。**もっと言えば、そのことが自分をつまらないビジネスパーソンに留まらせることになると感じたからです。

できなかったことが、簡単にできるようになる！

リーダー育成などの企業研修は、私のメインの仕事のひとつです。研修の中で参加者に積極的な発言を求めても、多くの場合、なかなか発言が出てこないものです。これは多くの人が、「正しいことを言わなければいけない」という思い込みに縛《しば》られているからです。

そこで、私は参加者のみなさんに、あらかじめこんなことを伝えます。

「人は、良い悪い、正しい正しくないを考え過ぎると、発言ができなくなります。

一方、今のビジネスシーンでは、変化のスピードが日に日に速くなっています。そんな中、今日の正解が、明日の不正解になることが簡単に起きています。反対に、今日の不正解が、明日の正解になることだって起こり得るのです。

正解にこだわり過ぎると、置いてきぼりを食う恐れがあります。だから、ここでは正解を言おうとするより、みなさんが感じたことをそのまま口に出す練習をしてみましょう」

すると、多くのみなさんが堰《せき》を切ったように、どんどん自由に発言や質問をし始めます。本当は、言いたいことや聞きたいことがいっぱいあるわけです。ただ、自分の思い込みによって、それらが押し込められるクセがついてしまっているだけなのです。こういうことを活性化するのも、研修講師や講演登壇者の大切な役目です。

今の時代、正解はグーグルやＡＩが答えてくれます。つまり、**正解だけにこだわることの価値はどんどん薄れつつあります。**正解を必要以上に求めるよりも、人間として、そして一消費者としてのリアルな感覚がより大切な時代になってきています。

そのためにも、潜在意識にこびりついた、「正しいことを言わなければいけない」

という過剰な思い込みを緩めてみることには、大きな価値があると言えます。

Ｇさんの例は、会話の中でのやり取りの例ですが、この「本当は？」とか「そもそも？」という質問を自分自身に投げかけることによって、要らない思い込みが弱まっていきます。

これをやる時に、有効な方法は、鏡の中の自分に問いかけるやり方です。

「こんなことを思い込んでいるようだけど、そもそもそれって本当？」と、鏡の中の自分に問いかけると、逆に鏡の中の自分から、あなたに向かって、その問いが返ってきます。

あなたも鏡の中の自分からの問いを何度も受けて、自分の中にある思い込みを緩めていってください。

［思い込みを外すSTEP③］

頑固な思い込みを解消する

思い込みは「潜在意識」にこびりつく

意識には、顕在している意識と潜在している意識があります。心理学・精神分析学者として有名なフロイトは、氷山の例を用いてこれを表現しました。

海上に出ている氷山は全体のほんの一部。多くの部分は水中に沈んでいます。同じように、人間が「顕在意識」として意識できていることは、全体のほんの一部で、多くの部分は「潜在意識」として、ちゃんと意識されていないというのが、フロイトが提唱した考え方です。

そして、実はこの潜在意識が、人間の日々の行動に大きな影響を与え続けていると言われています。**影響を受けている実感はないのだけれど、かなりの影響を受けているというのが、潜在意識のパワーです。**

思い込みというのは、この潜在意識の中に入っているプログラムのようなもの。コンピューターにプログラミングをすると、コンピューターはそのプログラムに従

意識と潜在意識

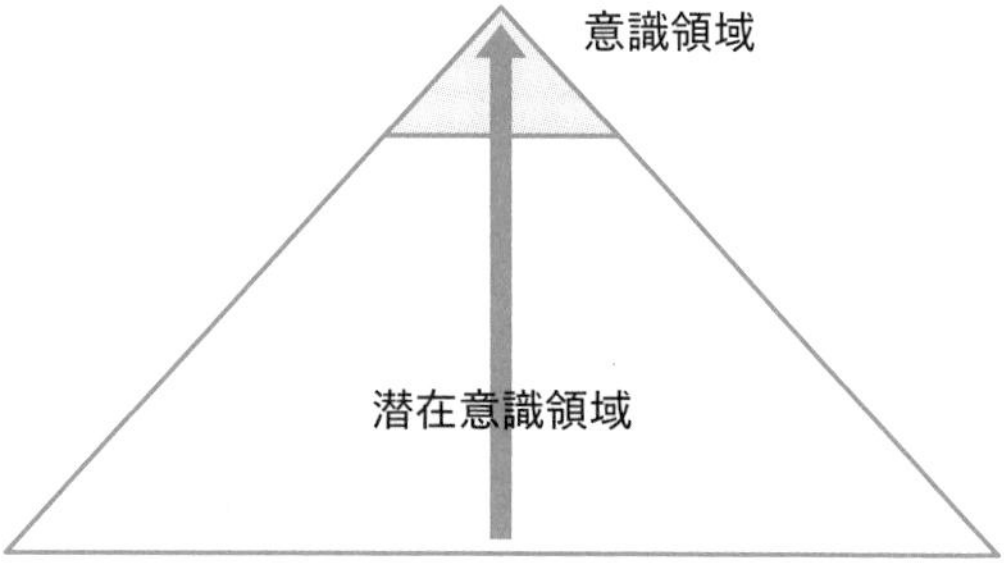

って作動するようになります。これと同様、思い込みというプログラムが潜在意識の中にあると、人は知らずしらずのうちに、行動レベルにおいても、多大な影響を受けるようになります。

思い込みは、普段の生活において体験した光景や、人からの言葉、体の痛みなど、五感からの刺激の連続によって作られ、潜在意識にプログラムされていきます。

恐怖症やトラウマというのは、この思い込みの強烈なバージョンです。

例えば、子どもの頃に真っ暗で狭いところに閉じ込められたネガティブな体験がある人は、真っ暗なところや、狭いところに危険や恐怖を過剰に感じるようになったりします。

これが恐怖症です。この経験から「真っ暗で狭いところ＝危険で怖いところ」というプログラミングが潜在意識に刷り込まれてしまうのです。

このプログラミングにより、たとえそこが危険なところでなくても、真っ暗であるということだけで、恐怖を感じ、その恐怖が止まらなくなったりします。これにより、「少しでも明かりをつけていないと寝られない」という状態になったりもします。

また、狭い部屋や狭い場所に入ると、妙に脈が速くなって落ち着かなくなり、気分が悪くなってくることなどもあります。たとえそこが何の危険もない場所であっても、です。これが「思い込みが潜在意識にこびりつく」状態の一例です。

じわじわ刷り込まれた思い込みは強力

恐怖症やトラウマなどの場合は、1回の強烈な経験により、一瞬のうちに潜在意識にプログラミングが行われます。犬に噛《か》まれた経験により犬恐怖症になったり、親に言われたショックな一言により、トラウマが生まれたりすることなどが、これに当たります。このプログラミング（強烈な思い込み）により、たとえ噛んだ犬でなくても、犬を見るだけでかつて味わった恐怖の感情が瞬時に再現されるようになるのです。

このようなプログラミングはその人の潜在意識にこびりつき、その後の人生にネガティブな影響を与え続けるというわけです。


一方、思い込みが生まれるのは、一瞬のうちに潜在意識にプログラミングされる場合だけではありません。**じわじわと時間をかけて刷り込まれる場合もあります。**

長年家庭で親から言われ続けたことや、学校で教師から言われ続けたことなどが、まことしやかなこととして、日々プログラミングされ続け、時間をかけてコトコト煮込むがごとく、根強い思い込みとして潜在意識の奥深くにこびりつくのです。

この根強い思い込みは、いずれ自分の中で〝常識化〟していきます。

例えば、「常に正しくあらねばならない」という思い込みを持っている人は、それが自分の中で〝当たり前〟という、疑う余地もないものとして確立していった結果、根強い思い込みとなります。

そのため、他の人からすれば、「えっ、何でそんなこと思うの？　人間なら間違えて当然じゃない？」と感じるようなことでも、本人は疑いもせず信じ込んでしまうのです。

そういった意味では、**“世の中の常識”というものの多くも、実は思い込みに過ぎないということもあります。**日本の常識が世界の非常識だったり、またその逆もしかり、といった経験をされた方も多いことでしょう。

私がイギリスに留学していた時、学科の主任教授に対し、学生たちが「ピーター」と気軽に呼ぶのにビックリした経験があります。他の教授に対しても同様です。

日本では、例えば、ノーベル賞を取った山中伸弥《やまなかしんや》教授に対して、「山中先生」とは言っても、「伸弥」とか「伸弥くん」とはとても呼べないでしょう。

海外旅行や留学などで、常識を覆《くつがえ》される経験をすると、世の中の常識と思っていたことが、日本のローカルルールに過ぎず、単なる思い込みであったことに気づきます。

仕事の進め方の常識や業界の常識もそうです。新卒で10年働いた会社から、別の会社へ転職したら、「仕事の進め方や、上司部下の接し方がまったく違っていた」というような経験をする場合もあります。

私はかつて、国内企業や外資系企業など、計6つの会社で働いた経験がありますが、「仕事はこういうふうに進めなければいけない」とか「上司にはこういうふうに接しなければいけない」というような、それまでの常識が「単なる思い込みに過ぎなかった」と、笑ってしまうような経験を何度もしました。

会社ごとのカルチャーが、そこでは「常識」の顔をしているということです。

潜在意識のプログラムを外さないと行動は変えられない

このように「これは単なる思い込みだ!」と気づくことが、思い込み解消の第一歩となります。場合によっては、思い込みだと気づいただけで、その思い込みが書き換わり、解決してしまうこともあります。

一方、それだけではなかなか解消しない場合もあります。

特に長い時間をかけて潜在意識の中にこびりついた思い込みは、なかなか強情です。

思い込みだと分かっていても、どうしても行動を変えることができないというような場合もあるのです。

例えば、先ほどのGさんのように、「正しいことを言わなければいけない」という思い込みを持っている人がいるとします。そして、それを長い間、何の疑いもなく信じて行動した後、それは思い込みだったと気づく経験をしたとしましょう。

その時、頭では、

「これは思い込みであって、真実ではない」

「この思い込みは捨てたほうが良さそうだ」

と理解できています。

しかし、潜在意識レベルでは、まだこのプログラムが根強く作動し続けているのです。犬恐怖症の人が、「噛む犬ばかりではない」ということが頭で分かっていても、いざ犬が目の前に現れると、たとえそれが可愛い小さな犬であっても、心臓がドキドキして、手足の震えが収まらなくなったりするのも、潜在意識の影響です。

これは、意識では分かっていても、潜在意識のプログラム（恐怖症のプログラム）が作動し続けているからです。この潜在意識レベルのプログラムが解除されない限り、恐怖症は治りません。

同様に、「正しいことを言わなければいけない」というのが、自分の思い込みに過ぎないと分かったとしても、潜在意識レベルでそのプログラムが解除されない限り、会議などでの発言に抵抗感のある状態が続きます。

強い思い込みを解消する2つの方法

では、潜在意識レベルの思い込みは、どうやったらなくせるのでしょうか？

ここからは、潜在意識レベルでの思い込みを解消する方法について解説しましょう。

あなたの思い込みは、それが思い込みであると分かった時点で、スッキリとなくなったでしょうか？

それともまだ潜在意識に残っていて、それによって行動がついてこない状態でしょうか？

もし後者ならば、潜在意識レベルでの解決に手をつける好機が巡って来たと捉えてください。

これを解決することが、あなたの自己肯定感の復活に効果をもたらします。そして、あなたが本来の力を発揮することにもつながるのです。

〝潜在意識レベルでの解決〟などと言うと、何かすごく大ごとで、「本当にできるの？」と思われる方もいらっしゃるかもしれません。

そこはご安心を。これを大変な努力で何とかするという力技にしないのが、本書の特徴です。また、闇雲《やみくも》にがんばるという精神論でなくても、成果はきちんと出せるのです。

先ほど、思い込みが生まれるパターンが2つあるとお伝えしました。それは、

・トラウマ体験などの強烈な体験をした時に、一瞬にして生まれる
・環境などの影響により、長い時間をかけて刷り込まれる

この2つでしたね。

生まれるパターンが2つあるように、解決するパターンも2つあります。それは、

①短い時間で解決する
②習慣的に解決する

この2つです。

短い時間で解決するパターンには、

・思い込みが潜在意識レベルで書き換わるような、強烈な体験をする

・思い込みが潜在意識レベルで書き換わるような、セラピーやコーチングを受ける

などがあります。

「強烈な体験をする」というのは、なかなか意図して巡り合えるものではありません。

一方、人生を揺るがすような体験をすると、思い込みどころか、価値観さえも変わってしまいます。

その究極の一つが、「宇宙を体験すること」。

日本人初の宇宙飛行士として、1990年12月、ソ連（当時）の宇宙ステーショ

ン・ミールに滞在した秋山豊寛《とよひろ》さん。宇宙から地球の美しい地表を眺めるという体験をした時、「地球を壊さない暮らしをしたい」という強烈な思いが湧《わ》いてきたと言います。

その後、勤めていたＴＢＳを退社し、福島県で農業を始めることになります。宇宙を体験するという、まさに人生を揺るがすような体験をしたことにより、「地球と共生する」という価値観は、秋山さんの中で最重要の価値観へと変わり、生き方自体が変わってしまったのです。

ここまでの体験ではなくても、人生の中には「ショックを受ける」ような体験をすることがあります。

例えば、前述のＧさんのように「正しいことを言わなければいけない」という強い思い込みを持っている人がいるとします。その人が出席している会議で、誰かが、全員の猛烈な批判と反対に遭い続けながらも、粘り強く企画を推し進め、やがて業界全体のトピックになるような大成功を収めてしまう現場を目の当たりにするような経験をしたとしましょう。

この人はこの経験を通して、「みんなが認めるような正しいことが、正解とは限らない。むしろ、そんなことにこだわっていたら成功しない」という強い感覚が全身を巡り、持っていた「正しいことを言わなければいけない」という思い込みが、一瞬のうちに書き換わってしまうようなこともあるのです。

こういった機会に巡り合うには偶然性も必要なので、もし、たまたま体験できるようなら、非常にラッキーです。

コーチングによる、ビリーフチェンジ

思い込みや価値観が本当に書き換わったかどうかは、「実際に行動が変わったかどうか」で判断できます。

秋山さんは実際に勤めていたＴＢＳを辞め、農業を始めるという行動に出ました。思い込みや価値観が変わったので、心がそちらに突き動かされたわけです。

会議の例でも、この後、Ｇさんがクレイジーなアイデアを心の抵抗なくどんどん出すようになれば、それは思い込みが書き換わった証拠になります。

また、「セラピーやコーチングを受ける」というのも、ひとつの手段です。

セラピーやコーチングで、思い込みを書き換えることは、セラピー用語で〝**ビリーフチェンジ**〟といいます。ビリーフは、本書で言う思い込みのこと。思い込みを書き換えるので、ビリーフチェンジと呼ばれるのです。

エグゼクティブコーチである私の得意分野のひとつが、このビリーフチェンジです。

私の場合、書き換えというよりも、クライアントがその思い込みを数十分の時間でニュートラル化できるように、特別なメソッドを用いて導くので、クライアントは、**「そんなこと、もう気にならない。というか、どうでもいい」**という状態になっていきます。

さて、強い思い込みを解消する方法の2つめ「習慣的に解決する」については、章を改めて解説することにしましょう。

Column

思い込みが変わると、身体の感覚が変わる？

分かりやすくするために、本書では〝思い込みの解消〟という言葉をあえて使っていますが、実は思い込みを問題視すること自体が、自己肯定感を持つためのプロセスとして矛盾を抱えています。「問題だ！　問題だ！」と思っていること自体が、結局自己否定していることだからです。

本来は「良いも悪いもない」という状態になるのが、最高の状態。このニュートラルな感覚を作っていくことが、自己肯定感を持つために非常に重要なことなのです。

コーチングでは、クライアントがこのニュートラルな状態になれば大成功。コーチングのテーマとして扱ってきたことに対し、コーチングセッションの最後に「ああ、どうでもよくなってきました」という言葉がクライアントから出てきたら、最高の状態になったと判断します。

また、本文でご紹介している「短い時間で解決する」という方法の中には、ビリーフチェンジセラピーという手法があります。私の場合は、習慣的なアプローチの指南とともに、クライアントの状況によっては、このビリーフチェンジセラピーをメンタルコーチングのセッションで行います。

ビリーフチェンジセラピーは、認知心理学や脳科学などをベースとした手法で、数十分という短い時間で、潜在意識の中にある思い込みの変換を図ります。

潜在意識は、身体感覚と直結しています。例えば、潜在意識の中に犬恐怖症の思い込みプログラムがあれば、意識では目の前のチワワを可愛いと思っていても、潜在意識の中の思い込みプログラムが作動して、意識してなくとも手足が震え始めます。

これは、潜在意識が「犬だ！　危険だ！」というシグナルを身体に直接送り込むことにより、瞬時に危険を回避しようとしているのです。

このことから、潜在意識の中にある思い込みが書き換わったかどうかを判断するには、身体感覚が変わったかどうかで確認することができます。

このため、私はビリーフチェンジセラピーの最後に、クライアントに「身体の感覚はどうですか？」とお聞きします。「何だかずいぶん身体が軽くなったような感じがします」という答えが返ってきたら、思い込みの変換が完了している証拠なのです。

第3章

思い込みを解消する2つの習慣力

しっかり変わるために「習慣力」を味方につける

潜在意識は変化を嫌う

いよいよ、本書の最重要テーマである「習慣的に解消する」方法について説明しましょう。

これは、**それまでとは違う行動を習慣化することによって、毎日の生活パターンを変え、あなたの中にある思い込みを潜在意識レベルで解消しよう**とするものです。

潜在意識の最大の特徴は**「現状維持をしたがる」**ということです。逆に言えば、潜在意識は「変化を嫌う」ので、習慣的に変化させていくやり方は、無理がなく、潜在意識の抵抗に遭いにいくのです。

これは医療にたとえるなら、漢方薬などで、体質を本来の健全なものに戻していく、東洋医学的なアプローチです。東洋医学的なアプローチは、体に無理をさせない自然なアプローチなので、副作用なども起こりにくいと言われます。

同様に習慣的に思い込みを解消していくアプローチは、「しっかりと的確に心の体質改善をしていくアプローチ」なのです。これは、安心感と安定感のあるアプローチ

と言っていいでしょう。

そして、習慣的なアプローチは、日々のことなので、ちょっとしたことから手をつけやすいというメリットもあります。何か機会があったらやるのではなく、今日、この瞬間からすぐスタートできるのです。そして、続けるためには、がんばるというよりも、確実に進んで行くというノリが大切です。

思い込みを持つこと自体は決して悪くない

ここで、最も大切な前提について、もう一度お話ししておきます。

「自分には自己肯定感が足りない」と感じている方も、元々しっかりした自己肯定感を持っていたのです。おそらく、子どもの頃のある時点まではあったはずです。それが、人生のどこかの時点で、たまたま一時的に失われることになっただけなのです。

その一時的な状態がずいぶん長く続いてしまっているのが現状です。それは、例えば、お酒の飲み過ぎで、内臓の調子を悪くしている状態のように、元々内臓は健全だった、それが、お酒というもので違う状態になってしまったのと同じです。

これから取り組もうとしているプロセスは、その元々しっかりとあったあなたの自己肯定感を元の良い状態に戻すプロセスです。

そして、そのキーとなる思い込みを解消する上で重要な考え方は「あなたのその思い込みが、過度な状態だから、都合の悪いことが起こっているだけ」という考え方です。

「酒は百薬の長」と言われるように、お酒も適度であれば、健康効果があると言われています。ただ、過度になってしまうから弊害が生じるのです。

同様に、あなたのその思い込み自体は絶対的に良くないものというわけではなく、過度になっているぶんだけ、マイナスの方向に働いてしまっているのです。

例えば、前述のRさんが持っていた「人とつながりを持つためには、優秀でなければならない」という思い込み。これが、正しいかどうかは別として、Rさんにとって、それまでがんばるパワーの源のひとつになってきたことは間違いなさそうです。

ただ、がんばることの方向性がちょっとズレていたので、多くの弊害も同時に生んでしまったのです。

「must」が「want」に変わると潜在能力が発動！

一方、Rさんにとってもその思い込みは、現在はもう持っていないほうが良いのは明らかです。だから、これまでパワーの元として役に立ってきた面もあるものとして、それはそれでちゃんと感謝して、キッパリとお別れするのが良いのです。

Rさんの場合は、私との対話の中でこの思い込みを、

「人とつながりを持つためには、優秀でなければならない」

←

「人の役に立つために、優秀になりたい」

という変換をしました。

これは、少しの違いのように見えて、大きな違いです。

ひとつはがんばる対象の違いです。

「人とつながりを持つためには、優秀でなければならない」という思い込みからは、あくまで自分のためだけに優秀になろうとする動機が生まれます。しかも、「人とつながりがないことが怖い」という恐怖意識が背景にあるので、その行動には常に追い立てられるような感覚が伴います。

一方、「人の役に立つために、優秀になりたい」とがんばることは、人のためです。行動の動機が人のためなので、恐怖に追い立てられるというよりも、自分の内側からかり立てられるような、生き生きとしたモチベーションを伴った感覚になるのです。

また、**前者は「しなければならない」というmustの表現です。**これもやはり恐怖を背景にしていて、この言葉を使う時、人はストレスを感じ、心を締めつけられた状態になります。この状態は、人の本来の能力を発揮しにくい状態なのです。

一方、**後者では「なりたい」というwantの表現です。**これは、心が開く言葉で、この状態を作ることにより、本来の能力が発動しやすくなるのです。

ここまでお伝えしてきたように、両者ともパワーになることは同じですが、後者のほうがより健全な、本来の自分らしいパワーの発揮につながります。

実際に、Rさんも、後者の意識が深まるにつれ、より大きなパワーが自然に出るようになったと感じています。

Column

思い込みとフロー状態

「フロー状態」という言葉を聞いたことがあるでしょうか？

フロー状態とは、非常に集中力の高い状態のことで、クレアモント大学院大学のミハイ・チクセントミハイ教授が提唱した「フロー理論」に基づいています。

フロー状態では、集中力が高まり、没頭する感覚と、そのプロセスを楽しむ感覚が生まれます。結果として、高い生産性と創造性が発揮されるのです。

例えば一流のスポーツ選手などは、プレー中にフロー状態に入っている割合が長いと言われています。

意識的にフロー状態を作り出すことは難しくとも、目的意識を明確にしたり、プロセスをイメージしたり、リラックスしたりすることで、フロー状態に入りやすくすることはできます。

大切なことは、「ねばならない」という恐怖意識から、「～したい」というポジティブな状態への根本的な変換を作り出すこと。Rさんのように思い込みが外れると、フロー状態を作る心の環境が整って、潜在能力発揮へとつながります。

これにより、自然と段違いのパフォーマンスを発揮できるようになるのです。

［思い込みを解消する習慣力①］

例外を見つける

例外を口にすると、思い込みの基盤がグラつく

これらの前提を踏まえながら、次に習慣的に思い込みを解消していくアプローチをご紹介しましょう。

アプローチはたくさんありますが、本書では特にインパクトの強い2つを厳選して取り上げます。

習慣的なアプローチのひとつめは、**例外探し**です。

これは、第2章で出てきた「本当にそう?」「いつもそう?」と思い込みを疑うやり方の発展バージョンです。

長い時間をかけてあなたの中に作られた頑固《がんこ》な思い込みも、例外が見つかることにより、その基盤がグラつき始めます。そして、例外が増えれば増えるほど、その思い込みに対して「本当にそう?」と疑問を持ちやすくなっていくわけです。

広告会社でグループリーダーを務めるAさん。週に何回かは終電で帰る日もあるくらい残業が多く、いつも疲労感が抜けない中でがんばっていらっしゃいました。

私　「特に何が気になっていますか？」

Aさん「残業が多く、何か自分が効率的に動けていないのではないか、という思いがあるのです」

私　「効率的に動けていないと感じているのですね」

Aさん「そうなんです。こんなにがんばってやっているのに、一つひとつの成果が満足いくものにはなっていないんです。年齢的なこともあるし、ずっとこの調子でやっていかなければいけないと思うと、不安を感じます」

私　「どうなると良いと思いますか？」

Aさん「もっとやり方はあるのだと思います。そろそろ自分の中での働き方改革をしなければいけないとは思っているのですが……」

私　「ですが……？」

Aさん「早く帰ることに、何か不安を覚える部分もあるのです」

私　「どういうことですか？」

Aさん「19時とか20時とかだと、社内にはまだ部下を含めたくさん人がいるので、帰るには気が引けるし、仕事をしていないように思われる気もします」

私　「そんな気がするのですね」

Aさん「『広告マンたるもの、いつも忙しくなければいけない』みたいなものが、まだまだ自分の中にあるのですかね。時代には沿っていないとは思いますが」

私　「それをどうしたいですか？」

Aさん「頭ではそんなふうに思わなくても良いとは思っています。でも、忙しさの中にいないと、何か落ち着かないのもたしかです」

私　「いつも忙しさの中にいなければいけませんか？」

Aさん「まあ、ちゃんと遊んだり、ゆっくりしたりすることも大事ですが……」

私　「忙しそうにしていない広告マンはおかしいですか？」

Aさん「いいえ、余裕がある感じならいいですね」

私　「いい場合もあるのですね。では、ちょっと違う聞き方をします。忙しそうでない広告マンは、どの人も仕事ができなさそうですか？」

Aさん「そう言われると、本当にできる人は忙しいのかもしれないけど、忙しそうには見えないのかもしれないですね」
私「そうとも感じる？」
Aさん「はい。自分はそこまでいっていないから焦っているのかもしれません」
私「ここまで話して、何を感じていますか？」
Aさん「忙しそうに見せることが、かっこ悪いと感じてきました。何かに急《せ》かされて、ずっとやってきたように感じます」
私「本当はどうしたいですか？」
Aさん「『お先に！』と言って、颯爽《さつそう》と帰りたいですね」
私「それができているとイメージしてみるとどうですか？」
Aさん「いい感じですね。すごくいい感じで仕事ができている感じがします。これですね」

Aさんは、広告業界で20年近く働き、多忙であることが広告マンの正しい姿であるとの強い思い込みを持っていました。それがゆえに、多忙でないと、不安になるような状態でもあったわけです。

「多忙であること＝長い時間仕事をしていること＝広告マンとして正しい姿」という観念が職場全体にあり、そこから外れることへの恐怖にも似た感情を、Aさんをはじめ多くの人が抱えていたようです。

一方、「効率的に仕事ができていない」と感じる部分もあり、それが自己否定にもつながっていました。リーダーとして、会社から求められる結果もどんどん高いものになっていくがゆえに、それを労働時間で補わないといけないと考え、心も体も疲弊してしまったわけです。

このやり取りで、「広告マンたるもの、いつも忙しくなければいけない」という思い込みに対しての例外のいくつかを、Aさん自身の口から話していただきました。例外が自分の口から出てきたことで、強固だった思い込みがぐらつき始めたのです。

行動の変化につなげることが大切

ただし、このやり取りだけでは根本の部分はまだ変わっていません。

潜在意識レベルでは、まだ変化が起きてはいないのです。

実際この時は、Aさんの中では、「お先に！」と言って颯爽と帰るというよりも、ちょっと不安を残しながら早く帰ってみようとする感覚がまだありました。

ここで重要なのは、例外を挙げることによって、強固な思い込みがグラつき始め、それが少しでも行動を変えることにつながることなのです。

それまでAさんは、21時ぐらいまで会社にいることが多かった状態でした。そこで、「会社を出る時間を平均1時間早くする」という目標を立てました。そして、その最初のステップとして、「まずは15分早くし、20時45分までには会社を出る」という小さな変化を自分の仕事の中にもたらすことを始めました。

当初、気持ちの抵抗はまだあったものの、15分という小さな目標は、超えるにはそんなに負担の大きくない心のハードルでした。

自分の仕事のパターンを見直してみると、実は無駄な時間や、ダラダラとやってしまっている時間は、ビックリするほどたくさんあり、これらの改善は意外なほど簡単であると分かったのです。そのため、最初のステップである15分の時間短縮をすんなりと進めることができました。

そして、数カ月のうちに、30分、45分と早めていくことができ、やがては19時台には、「お先に!」と言って、颯爽と帰ることができるようになったのです。

習慣化を促進するこのようなコツについては、第5章で詳しくお伝えしますが、この行動変化は、後にAさんにさらなる大きな変化をもたらすことになるのです。

思い込みについての例外を列挙し、その思い込みをグラつかせることで、小さな行動変化を自分にもたらす。

これは、クライアントのみなさんに実践的なお手伝いを日々行っている身として確信を持ってお伝えできる、非常に有効な習慣化へのアプローチの最初のステップです。

Aさんの場合は、「広告マンたるもの、いつも忙しくなければいけない」という思い込みや、「多忙であること=長い時間仕事をしていること=広告マンとして正しい姿」という職場環境から何年にもわたって刷り込まれてきた思い込みに対して、「いつもそうなの?」「例外はないの?」という疑問を投げかけてみました(鏡の中の自分に投げかけることもやってみました)。そのことによって、自分の中の「ねばならない」が緩み始め、ちょっとした行動の変化につながったわけです。

やがて、19時台に「お先に！」と言って、颯爽と帰ることができるようになっている自分に自信が持てるようになり、それが「効果的で効率的な仕事ができている自分」という新たなセルフイメージを形成していきました。

そして、実際に業績も確実に上がっていき、「効果的で効率的に仕事ができている感」は、さらに高まっていきました。それにより、自己否定をする機会もなくなっていったわけです。

ここでも大事なことは、Aさんが例外を挙げただけに留まらなかったこと。**当初抵抗を感じながらも、確実に行動・実践し、退社時間を早くすることを習慣化したことが、Aさんのビジネス人生を大きく変えていきました。**

ポイントは最初の3週間。心の抵抗が残る最初の3週間にしっかりと行動・実践したことが、Aさんの人生を変える大きな一歩となったのです。

結果、平均退社時間が2時間近くも早くなり、やがては21時以降に会社にいることに激しい違和感を持つようにさえなっていました。

この違和感こそが、「広告マンたるもの、いつも忙しくなければいけない」や「多忙であること＝長い時間仕事をしていること」といったかつての思い込みが、潜在意識レベルでしっかりと書き換わった証拠なのです。

潜在意識と小さなステップ

ここで、この「思い込みを習慣的に解決する」プロセスについて少し説明をします。
大事なことは、「思い込みが潜在意識レベルで書き換わる」ということです。
こんな順番になります。

「例外を見つける」などのアプローチで、意識が少し変わる
↓
行動が少し変わる
↓
行動が習慣化していく（約3週間）
↓

習慣的に解決する

「例外を見つける」などの
アプローチで、意識が少し変わる
（潜在意識レベルでの
思い込みの変化はなし）

↓

行動が少し変わる

↓

行動が習慣化していく

↓

習慣化とともに、潜在意識レベル
で思い込みが書き換わっていく

↓

さらに意識と行動が変わっていく

短い時間で解決する

偶然の出来事やコーチング
などで、思い込みが
潜在意識レベルで書き換わる

↓

意識と行動が一変する

習慣化とともに、潜在意識レベルで
思い込みが書き換わっていく
←
さらに意識と行動が変わっていく

「思い込みを習慣的に解消する」プロセスでは、習慣化する過程で、潜在意識の中の思い込みがどんどん書き換わっていくというところに特徴があります。だから、最初は、小さな行動がスタートできるくらいの意識の変化があればいいのです。

この小さな行動のことを、コーチングでは**スモールステップ**と呼びます。このスモールステップを踏み出すことで展開は変わります。15分早く会社を出るとか、10分早く起きるとか、腕立て伏せを1日5回やるとか、やろうと思えば、そんなにがんばらなくてもできるぐらいのステップです。

スモールステップの話をすると、「そんなことやっただけで何が変わるの?」と言う方がいらっしゃいます。

いえいえ、小さなことを侮《あなど》るなかれです。

例えば、一流の人は、こういうことを決して疎《おろそ》かにしません。一流の人は、日々の活動において、小さなことや、基礎的なことをコツコツと積み重ねます。これをできるかどうかが、一流と二流の分かれ目と言っても過言ではありません。

二流の人は、小さなことや、基礎的なことをバカにしたり、疎かにしたりして、一気にインスタントな成果を求めるようなことばかりに手を出そうとします。

これではいつまでたっても、本当の実力はついていかないのです。小さなことを確実に積み重ねられる人だけが、やがて一流になっていきます。あなたがこれからやろうとしていることは、言わば「一流になる習慣」でもあるのです。

スモールステップを積み重ねる

潜在意識というのは変化を嫌います。

潜在意識にとって一番大切なのは、「安心安全」。その基本機能によって、私たちを守ろうとしてくれます。変化というのは何らかのリスクを伴います。だから、安心安全を求める潜在意識は、良かれと思って、その強力なパワーで、あなたに変化を起こさせないよう抵抗するのです。

「進みたいのに進めない」「チャレンジしたいのにチャレンジできない」ということが起こるのは、変化を嫌う潜在意識の激しい抵抗を知らずしらずのうちに受けているからです。

したがって、いきなり大きなステップを踏み始めようとするのは、潜在意識の抵抗をもろに受けながら進むようなもの。だから、行動にはなかなかつながりません。

このことからも、潜在意識の抵抗を受けにくいスモールステップから始め、小さな階段を昇り続けることが賢い方法なのです。

私の経験から言うと、「そんなことやっただけで何が変わるの？」と言う人に限って、知識ばかり溜《た》め込んで、結局何も行動を起こさなかったり、いきなり大きなステップを踏もうとして、それが続かない結果になったりすることが多いものです。

スモールステップをしっかりと実践し続けることで、変化は確実なものになっていきます。**大事なことは小さな変化の積み重ねなのです。**

「結果を出しているアスリートほど、遠くにある大きな目標よりも、目の前にある小さな目標を優先している」

エドモントンやヘルシンキでの世界陸上選手権の400メートルハードルで銅メダルを獲得した為末大《ためすえだい》さんは、著書『限界の正体』（SBクリエイティブ）の中でこう言っています。

小さな目標を超え続けることで、大きな結果を出すことができます。同様にスモー

大きなステップを踏もうとしたために、潜在意識の抵抗に遭い、挫折をくり返していては、習慣化はできない

小さなステップを確実に踏み続けることで、習慣化が進み、潜在意識レベルにも変化が起きてくる

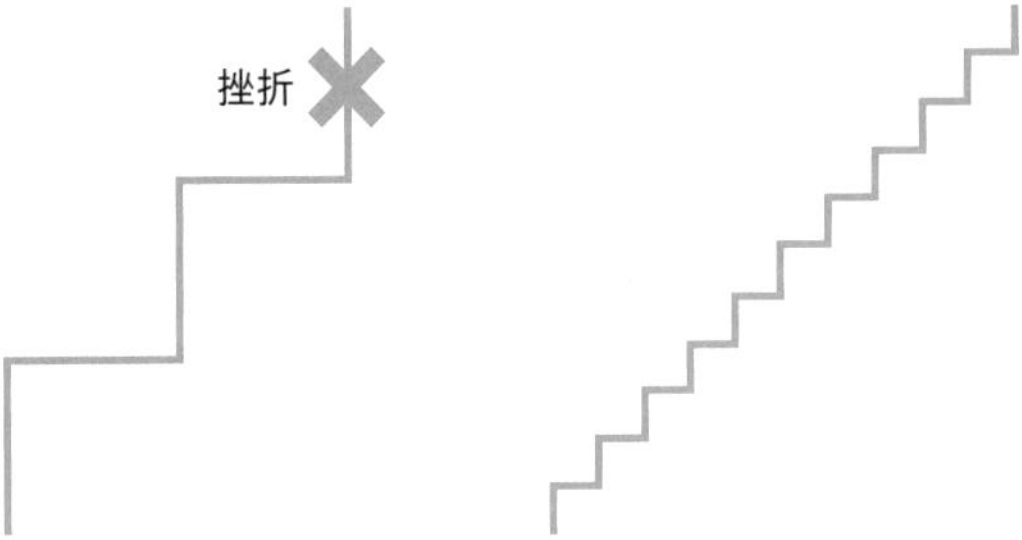

ルステップを習慣的に続けることによって、やがてそれが大きな力となるのです。

習慣とは、実践を続けることで、やがてその行動をすることが「当たり前」のようになるプロセス。

Aさんの例でもお話ししましたが、19時台に帰ることが当たり前になれば、21時になっても会社で仕事をしていることに、違和感や気持ちの悪さを持つようになります。**この感覚が「潜在意識レベル」で思い込みが書き換わった証拠です。**

Aさんの場合、少し早く帰るという習慣を続けたことによって、思い込みが潜在意識レベルで書き換わっていったので、今度

は潜在意識が早く帰ることについての後押しを継続してくれる構造ができたのです。

やがてAさんの潜在意識は、早く帰るという行動に安心安全を感じ、その強大なパワーで、それを維持しようとするようになりました。だから、やがて21時に会社にいる時の自分に違和感を覚えるようになったのです。まさに潜在意識を味方につけたわけです。これは強力です。

長い時間の影響で、潜在意識に染み込んだ思い込みを、スモールステップの連続で修正していくというのが、この「習慣的に思い込みを解消する」プロセスです。


行動習慣は、3週間で定着に向けて進むと言われています。習慣化によって、その行動が「当たり前」になれば、潜在意識レベルに変化が起きます。

そして、それまでの思い込みが消え去り、やがて「自分にとって望ましい性格」までもが形成されていくのです。

これが、有名な、

「習慣に気をつけなさい、それはいつか性格になるから」

という格言であり、イギリスの詩人であり、劇作家であったジョン・ドライデンが

言った、

「はじめは人が習慣をつくり、それから習慣が人をつくる」

ということです。

良い習慣を身につけていけば、良き人格を身につけ、良き行いをくり返していきます。求めるべき第二の性格があなたの中に形成されるよう、日々粛々《しゅくしゅく》と小さな行動をくり返すことで、人生の展開は大きく変わっていくのです。

［思い込みを解消する習慣力②］

あだ名をつける

あだ名をつけることの効果とは

思い込みを習慣的に解消する2つめのアプローチは、「あだ名をつける」という方法です。これは、都合の良くない思い込みを信じ切っていて、その思い込みに従った行動を取る存在をキャラクター設定して、それにあだ名をつけるという手法です。

「常に完璧でなければいけない」という強い思い込みを持っている人は、完璧でない状態の自分を感じると、自分を否定して、自己肯定感を下げ続けることになります。世の中に完璧な人間など存在しないので、その人がいくら高い能力を持っていても、ちゃんとした自己肯定感は持てません。

そこで、「常に完璧でなければいけない」と言い続けている存在をキャラ設定して、例えば〝アイスマン〟とあだ名をつけてみるのです。

仕事や日常生活の場面で、「常に完璧でなければいけない」という思いが出てきたら、「アイスマンが出てきた！」と心の中で言ってみる。この思い込みは、何かをする時に、常に高いハードルを設定する思い込みで、アイスマンはかなり頻繁に登場するでしょう。

何かに失敗した時などには、アイスマンが執拗《しつよう》な攻撃を仕掛けてきます。「完璧でなければいけないのに、完璧からは程遠い結果だ！」とダメ出しをしてくるわけです。その時に「ああ、アイスマンがいろいろ言ってきているな。アイスマンだからそう言うよな」と思ってみる、というのがこのアプローチです。


段々慣れてくると、友達との会話の中でも、「今、例のアイスマンが登場してきて、ちょっと弱気になりかけていたんだ」などと言えるようになります。

ここで大事なことは、アイスマンの登場にいち早く気づくことです。最初のうちは、登場に気づかず、何時間もアイスマン（思い込み）の影響を受けたり、場合によっては、感情を激しく揺さぶられたりします。

そこで、このキャラクターを意識する習慣化が進むと、早いタイミングでその登場に気づくことができるようになります。キャラクター化することで、自分の中にその思い込みが登場していることが分かると、対処しやすくなるのです。

一生懸命やって失敗すると、本当の実力が露呈してしまう

私は、長い間、出身の高校にコンプレックスを持っていました。

中学3年生の時、周りが受験勉強のギアを上げていくのを感じながらも、何の対策も勉強もしていない自分がいました。そのため、一学期のテストの学年順位がガクッと落ちてしまいました。盛り返す努力をすれば良かったのですが、結局、やる気が出ず、行きたいと思っていた進学校を目指すことをやめ、地元の新設校へ行くことになりました。

そこは、あまり勉強をしなくても入れるようなレベルの学校でした。

当時は、そんな進路を選んだことを悔《くや》しいとも思わず、「これで勉強しなくても済むな」ぐらいの感覚でした。

その高校に入ってからも、私のセルフイメージは落ち続けました。相変わらず、まともに勉強しない状態が続いたので、高校生活は張りがなく、中学の時はちゃんとやっていたテニスも2年の時にやめてしまいました。

結局、大学受験も現役の時はどこも受かりませんでした。浪人中に至っても、依然としてのらりくらりとやっていたので、母校となった大学に受かったことが、かなりの奇跡だったと今でも思っています。

そんな調子だったので、20代までの私は、「一生懸命やる」ということができない人間でした。自己肯定感は、ずっと地を這《は》っていました。

「一生懸命やる」ということに抵抗を持たせていたのが、私の中にあったある思い込みでした。

それは「一生懸命やって失敗すると、本当の実力が露呈する」という思い込みです。

中学の頃で言えば、「一生懸命やって、高校受験が上手くいかなかったら、自分の本当の実力が露呈してしまう」という厄介な思い込みがあったのです。中学2年くらいまでは、結構良い成績を取っていたのですが、本当の自分というものに自信がなかったので、「その自信のなさを知られたくない」という思いがあったのでしょう。

だから、進学校受験に向けて一生懸命勉強することを避けて、「俺はちゃんとやればできるんだ」「俺はまだ本気を出していないだけ」と言い続けたかったのだと思います。

一生懸命にやらなかったのにも関わらず、運だけで、奇跡的に入学できた大学では工学が専攻でした。奇跡的に入れてもらったにもかかわらず、ここでもほとんど勉強しませんでした。そして、友人の多くが大学院に進む中、いわゆる文系就職をすることになるのです。大学生活においてもちゃんと勉強していなかったので、技術者としてやっていく自信がなく、そういう選択肢になったわけです。

そんな中、相変わらずどうやら運だけは良かったようで、非常に倍率の高かった大手広告会社に入社することができました。

そこでは一応ちゃんと仕事はしましたが、恥ずかしながら、一生懸命やっていたとは言い難い毎日でした。

それでもそれなりに成果が出て、社内表彰の常連になりました。しかし、自分の中では、「たまたまそうなっている」としか思えませんでした。ある意味、〝良い思い込み〟として、「自分は運が良い」という思い込みを持っていたので、それはそれで、業績を残すことに対して上手く作用していたのかもしれません。

ただ、運は運です。いつも良いとは限りません。だから、ある程度の実績ができていけばいくほど、「本当の実力が露呈すること」、つまり「化けの皮が剝《は》がれる」ということへの恐怖が激増してきたのです。

この頃から、自分の中にある、この「一生懸命やって失敗すると、本当の実力が露呈してしまう」という恐怖にかられた思い込みに気づき始めていました。

本当は「もっと一生懸命やらなければいけない」と思いながらも、一生懸命にやることへの心理的抵抗を抱えていることを認識するようになってきたのです。

そして、この「一生懸命やって失敗すると、本当の実力が露呈してしまうぞ」という強い思い込みを持っているキャラクターに〝ヤツ〟という、とてもシンプルなあだ名をつけたのです。

この思いが出てくると、「ヤツがまた出てきた！」と思っている自分がいました。

湧き上がる「一生懸命やりたい！」という思い

しばらくは、ヤツを交えた自分との葛藤《かっとう》が続きました（実はその葛藤を持つこと自体が素晴らしい展開です）。

ヤツは当初、自分の中で圧倒的な存在でした。ヤツが出てくると、やる気が下がっていきます。「実力が露呈するなら、一生懸命やるのをやめておこう」という感覚になり、何とも言えない虚無感を感じます。自分の中のエネルギーがなくなってしまうような感覚です。

一方、このキャラクターの登場を頻繁に意識するようになると、やがて自分の中に変化が現れてきました。

例えば、ちょっとした仕事を適当に済まそうとする自分がいると、「ヤツのせいにして、また適当に済ますのか？」と心の中で言う自分も存在するようになってきたのです。会議での発言を控えようとする自分がいると、「ヤツに負けているんだよな」

と自分に言ってみたりもしました。

こんなことを習慣にしていると、自分の中の少しの変化が、何か大きな流れの変化になっていくのを感じてきました。

そして「いい加減この辺りで、一生懸命やりたい！」という自分がムクムクと湧き上がってきたのです。

それまでは、「一生懸命やらない自分はダメ」というダメ出しがありました。「一生懸命やらなければいけない」と思っている自分と、一生懸命にやれない人生を送ってきた現実の自分とのギャップを感じて、そのギャップを抱え続ける自分を常に否定していたわけです。

それが、このあだ名をつける習慣を通して、私の中にあった「一生懸命やって失敗すると、本当の実力が露呈してしまう」という思い込みを押しつける〝ヤツ〟とのやり取りがこんなふうに展開していきました。

ヤツ「一生懸命やって失敗すると、本当の実力が露呈するぞ」

私　「そうなんだ。いつもそう？」

ヤツ「本当の実力が露呈するぞ」
私「そうなんだ。露呈しちゃいけない？」
ヤツ「本当の実力が露呈するぞ」
私「逆に、一生懸命やらないことで、露呈してきた結果があるんじゃないの？」
ヤツ「本当の実力が露呈するぞ」
私「露呈しなかったから成長がなかったんじゃない？」
ヤツ「露呈するぞ」
私「上等だ！　一生懸命やってやる！」

これは、〝ヤツ〟を交えた自分とのやり取りを習慣化した結果、潜在意識レベルが書き換わっていった証拠です。実際に、〝ヤツ〟の登場機会は、徐々に減っていきました。

やがて、それまであった思い込みが、
「一生懸命やれば、自分の潜在能力が必ず湧き上がってくる！」
という信念らしきものに変わっていったのです。

思えば、これは、〝人の潜在能力発揮に貢献する〟という現在の私のミッションに目覚めるきっかけだったのかもしれません。

そして「本当にやりたいことは何？」という自分自身への問いかけに対し、浮かんできたのが「世界レベルのグローバルな仕事ができるようになりたい！」という思いでした。さらには、その思いに対して〝一生懸命取り組みたい〟という気持ちが湧いてくるようになったのです。

しかしながら、その思いを達成するために必須である英語は、私が最も苦手とする教科。そう簡単に達成できるビジョンではありません。

そこで、それまで一生懸命にやることができなかった人間が一生懸命やるには、ある程度自分を追い込む必要があると考えました。そして、私が取った行動は、背水の陣を敷いて、一生懸命に取り組まざるを得ない環境を作ることでした。

出した結論は、イギリスに留学すること。

イギリスの大学院は、入学申請の時点では、入学に必要な英語力をすぐ求められることがあまりありません。つまり、「申請時ではなく、入学時点までに、必要な英語力基準を突破していればいい」という処置をとってもらえるのでした。これは、当時英語力のなかった私には大変ありがたい制度でした。

また、自分の中で、あの優雅なブリティッシュイングリッシュというものに憧《あこが》れがありました。欧米のビジネス界でもブリティッシュアクセントを話すことで、一目置かれるといいます。せっかくなら、このブリティッシュイングリッシュを会得したいという思いも、私をイギリスに向かわせた要因のひとつでした。

これまでの自分を超える力の発揮

そして、9年近く勤めた会社に辞表を提出しました。

周りにはかなり驚かれ、ありがたいことに、上司からも引き留められました。

さらにありがたかったのは、親からいらぬ詮索《せんさく》や反対を少しも受けなかったことです。これには今でも深く感謝しています。

しかし、その時の私のＴＯＥＩＣ®のスコアは、４４０点。大学院が要求する英語レベルの合格ラインには程遠いレベルでした。

人から、「そんなスコアで留学？　一体何を考えているんだ！」と言われてもおかしくないような有様。そんな状況ですから、まさに一生懸命やらざるを得ない背水の陣に自分を追い込んだことになります。

一方、不思議なことに、「失敗したらどうしよう」「失敗したら恥ずかしい」というような思いは、この頃にはもうほとんどありませんでした。

〝ヤツ〟を交えた自分の内面との会話習慣を通じて、それまでの「一生懸命やって失敗すると、本当の実力が露呈してしまう」という思い込みが「一生懸命やれば、自分の潜在能力は湧き上がってくる」という思いに変わったことで、失敗ということに意識が行くよりも、自分の潜在能力の発揮に対する期待感のほうが勝《まさ》るようになっていたのです。

しかし、イギリスの大学院への入学許可の取得→大学院での勉強→修士号の獲得という道のりは、想像以上に大変でした。

まずは、TOEIC®440点の人間が、新学期である9月までのたった数カ月で、イギリスの大学院の合格レベルになるだけでも大変な努力が必要でした。

スコアを要求されていたIELTSというイギリスの英語テストを受けるチャンスはたったの2回。この2回で、合格基準であるバンド6・5というスコアを超えなければ、9月の入学に間に合いません。

日本で勉強していたのでは無理と思い、私はすぐさまロンドンに旅発ちました。

人生初の「一生懸命にやる」期間が訪れました。

戻る扉は完全に塞がれたのです。

この時ばかりは本当に一生懸命やりました。右も左も分からない異国の地での努力は、かなりのタフさでした。でも、四の五の言っている時間はありませんでした。ホームステイ先の家族にも驚かれるようなペースで、勉強を進めたのです。

そして、何と3カ月後の1回目のテストで、バンド6・5に到達したのです。

これは、TOEIC®でいえば、3カ月で、440点から900点レベルになったに等しい奇跡です。**自分の中の潜在能力を発揮できたとしか思えないような出来事でした。**

この経験が、「一生懸命やれば、自分の潜在能力は湧き上がってくる」という思いを、私の中で強烈に強化してくれました。そして、「一生懸命やって失敗すると、本当の実力が露呈してしまう」という思い込みを抱えていた自分が、まるで他人のように思えてきたのです。

しかし、この第一段階を何とかクリアして、入学許可をいただき、大学院に入ってみると、今度はレポートやグループディスカッションなど、さらに大変なことの連続が待っていました。英語のテストに合格するための努力など、ほんの序章に過ぎなかったのです。

そこでは、「潜在能力、もっと出てこい！　もっと出てこい！」と自分を励ましながら、日々一生懸命努力し続けました。

それでも、提出したレポートに、教授や講師から、何度もダメ出しされました。最初のレポートでは、主任教授から「It is not English.（ここに書かれているのは英語ではない）」とまで書かれたこともありました。また、グループディスカッションでは、ネイティブたちに囲まれて、ただ一人全く議論についていけない自分がいました。

しかし、こんなことでいちいち落ち込んでいるわけにはいきません。

「潜在能力もっと出てこい！　もっと出てこい！」と、努力を続けるうちに、気がつけば、数カ月後にはレポートの点数はクラスのトップレベルになっていました。

最初は、まともな英語の文章すら書けなかった私が、そんな点数を取るようになったのを見たクラスメイトたちの、目を丸くした表情は、今でも忘れられません。

悪戦苦闘の末、すべての単位を獲得し、やっとのことで、修士論文を書く許可を得た後も、2万単語以上にも及ぶ修士論文に合格をもらえるまでの道のりは、さらに途方もなく長く感じました。

そして、ついに、ブリティッシュアイビーリーグといわれる、ラッセルグループのうちの一校であるシェフィールド大学から理学修士号を獲得したのです。

この結果は、自分の中にある潜在能力の存在を確信させてくれた経験でした。潜在能力の確信は、強い自己肯定につながります。この確信があると、仮に、上手くいかないことがあったり、失敗をしたりしても、その状態を否定するのではなく、未来の成功に向けて、自分にOKを出し続けることができるのです。

この入口となったのが、**自分の思い込みに気づき、その思い込みをキャラクター化することによって、自分を客観視し続ける習慣でした。**

この時の体験は、私の人生の中で初めて「一生懸命やる」ということを実践した体験でした。

「失敗して、自分の本当の力が露呈したらどうしよう」などと思う自分は、もうどこにもいませんでした。

そこにいたのは「一生懸命やれば、自分の潜在能力は湧き上がってくる。まだまだ出るぞ！　一生懸命やればやるほど出るぞ！」という強い信念を持って、ファイトをむき出しにする自分だったのです。

実際に、それまでの自分の想定を超えた力、つまり潜在能力の発揮が現実化していることを実感しました。自分に覚醒が起こっている感じさえもありました。ＩＱをはじめとする様々な能力も、格段にレベルアップしたのではないかと感じています。

その結果、主任教授からは卒業を迎える時に、「よくやった。君はとても力強いパフォーマンスを見せたね！」と言っていただけるまでになっていたのです。

この結果は、日本を離れる前には想像すらできなかったようなものでした。

自分の中にあるブレーキを外す

その後、潜在能力の発揮をお手伝いする今の仕事をするようになって確信していることは

「人は誰でも、とてつもない潜在能力を持っている」ということです。もちろん、あなたも私もです。

実際に、コーチングのクライアントさんや、私塾の塾生さん、企業研修の参加者さんたちが、潜在能力を発揮されていく姿を拝見しながら、その確信が日々深まっていっていることを強く感じます。

大切なことは、「その潜在能力を発揮できる状態にいかに自分を持っていくか」という点です。

それを妨げる思い込みがあったり、自己肯定感が持てなかったりする状態では、せっかくのあなたの潜在能力は、もったいない状態のままです。逆に言えば、それらから解放されれば、あなたはもっとずっとイキイキと輝けるようになるのです。

そのために必要なのは、然るべき習慣を日々粛々と続け、潜在能力を発揮する土台を作っていくことです。

実際に前述の経験から「一生懸命やって失敗すると、本当の実力が露呈してしまう」という思い込みがずいぶん長きにわたって、自分の潜在能力の発揮を封じ込めていたのだと痛感しました。

しかし、今ではこの思い込みや、出身高校についてのコンプレックスを持っていたことに、感謝の気持ちすら感じます。なぜなら、この話を元に、ここでこうして、みなさんが自己肯定感を取り戻すきっかけを作ることに役に立っているのですから。

思い込みにキャラクター設定することの効果は、自分を俯瞰《ふかん》し、その思い込みと自

分とを切り離せることにあります。

習慣的に、頻繁に切り離すことで、キャラと自分の距離がだんだん離れていくようになります。それと相まって、あなたの中の思い込みが弱まっていくのです。

これを日々くり返していると、やがて、ポジティブな思いが現れてきます。そのポジティブな思いは、あなたの潜在能力の発揮と、自己肯定感の高まりに貢献してくれるようになるのです。

くり返しますが、**まず大事なことは、キャラクターを通じて、自分が思い込みの影響を受けている瞬間に気づくこと。**

これに気づくことができれば、その思い込みの影響を受け続けるのか、それとも「これは単なる思い込み、影響を受けるのは損だからやめておこう」という選択をするのかを判断できるようになります。習慣的に意識していけば、気づく速度が速くなり、影響を受けている時間も短くなります。その結果、影響を受けた言動や、行動をしてしまう確率がどんどん低くなっていくのです。

キャラクターを意識し続けると、思い込みの影響が弱まっていく

あなたの思い込みを作り出すキャラクターはどんなキャラクターですか？

キャラクター設定をしてみると、人によってはいくつものキャラクターが登場してくる場合があります。その場合は、最も影響を受けているキャラクターから意識するのがいいでしょう。まずはここを中心に意識すると、他のキャラクターも同時に影響が少なくなっていきます。

キャラクターの絵を描いてみることもおすすめします。絵にしてみることによって、登場した時に意識しやすくなるので、より効果的です。

私の私塾の塾生さんたちの許可を得て、ここにいくつかキャラクターの例をご紹介しておきます。

○「デキる女を演じないと、評価されない」という思い込みを作っていた恐れ女王ト
　ト様

○「その歳ではもう遅い」と年齢による限界という思い込みを作っていたパティ

「一流習慣養成塾」の塾生の
皆さんが描いたキャラクターの例

恐れ女王トト様

パティ

モーム

○「自分は食欲という呪縛から逃れられない」という思い込みを作っていたモーム

これらのキャラクターたちは、初め、塾生さんたちの心の中で猛威を振るっていました。しかし、意識することを習慣化するにつれ、段々とその存在感が弱まり、違うキャラに変貌していったといいます。

みなさんもぜひ実践して、この変貌の感覚を楽しんでください。

第4章

「自己肯定感」を高める3つの方法

「自己受容」と「甘やかし」の決定的な違い

ここまで、自己肯定感が持てないことの原因となる「〜でなければならない」を明確にし、それを習慣的に緩めていき、やがては潜在意識レベルでもその思い込みを変えていく過程と方法についてお伝えしました。これにより、自己否定は弱まり、自己肯定感のアップにつながるわけです。

第1章で触れたように、自己肯定感とは、**自分を評価するということではなく、自分という存在をそのまま「まるごと受け容れる」ことがポイントです。そこにあるのは、評価ではなく、受け容れなのです。**

「まるごと受け容れる」ことができると、本当の自己肯定につながります。しかし、これがなかなか簡単にいきません。だから、私たちは自己肯定感に悩まされるのです。

受け容れとは、「OKだよ」と自分に言ってあげられること。「自己受容する」とも言います。

こういう話をすると、自分を甘やかすことのように聞こえる方がいらっしゃるかもしれません。**しかし自己受容は、自分を甘やかすこととは、似て非なるものです。**この部分の根本理解は、あなたが自己肯定感を取り戻すためにとても重要です。

この違いを理解するには、自分の行為と自分自身とを明確に分けることが大事です。

例えば、あなたがあまりしっかりとした気持ちで仕事に取り組まず、ケアレスミスをしてしまったとします。周りの人にも迷惑がかかっています。

そんな自分に対してどういう気持ちが湧いてくるでしょうか？

「何をしているんだ！」

「ダメだなあ……」

「これじゃ、いつまで経っても一流にはなれないぞ」

など、様々な思いがあるでしょう。

でも、こんな時、「まぁいっか」と、適当に済ませてしまうのは、単なる甘やかしです。また、上司として、こういったミスを看過するのも、部下への甘やかしになるので、おすすめしません。

こういった行為については、厳しく対処し、同じことで周りに二度と迷惑をかけないように引き締める必要があります。そうしないと同じようなことをくり返し、さらに自己肯定感が下がってしまうからです。

この時大事なことは、**「自分はダメな人間だ」と自己否定するのではなく、「どうしたらこのようなミスを起こさないようにできるか？」と考えること。**

行為として、「しっかり取り組まなかった」「ケアレスミスをした」というのは事実です。しかし、あなたはこんなことを続けたいとは思っていないはずです。

そこに上司から「あなたは、こんなこともちゃんとできないダメ人間だ」とダメ出しされたらどうでしょうか？

しっかりとした気持ちで取り組んでこなかったのは事実ですが、こう言われてしまうと、これからちゃんとやろうとする気持ちや、勇気がくじかれてしまいますよね。この上司はあなたという人間をちゃんと認めていないし、受け容れてもいません。これでは、上手くいくわけがありません。

一方、こんなふうに言われたら、どうでしょうか？

「こういうケアレスミスが出ると、君も困るだろうが、私も困る。そして、周りのみんなも困る。二度と起こさないように、気を引き締めて仕事をして欲しい。こんなミスを犯すのは君らしくないじゃないか。どうしたら、再発防止ができると思う？」

この上司は、あなたを甘やかしてはいません。**あなたという人間を可能性のある人間として認め、受け容れています。**この違いは大きいですよね。

この上司がやってくれたように、自分を受け容れるのが自己受容です。

あなたはどちらの上司を持ちたいでしょうか？

決まっていますよね。ならば、自分自身に対しても、後者の上司のように接してあげるのが良いのではないでしょうか。「こんなミスをするような私は、ダメ人間だ」とするのではなく、「ミスをしてしまうような状態だったんだな。これは素直に反省。でも、やればできるでしょ。少しずつでもちゃんとやろうよ」と心の中で声をかける。

前者と後者では、あなたの気持ちや、その後の行動は大きく違ってくるでしょう。

本章では、自己受容をしながら、「自己肯定感」を高める3つの方法について、お伝えします。

［自己肯定感を高める方法①］

自分の価値に気づく

〝短所〟を〝特徴〟に変換する

私は、子どもの頃から自分の声が嫌いでした。録音された自分の声を聞くと、何ともイケていない感じがしていたのです。そのため、こんな声を持っている自分を否定し続けていました。それは、何十年間も続きました。

40代で独立をして、会社を設立してから、企業研修や講演など、人前でお話をさせていただく機会が増えてきました。

そして、この頃から、状況が大きく変わっていきました。

「三浦さん、本当に良い声ですねえ」と、頻繁に言っていただけるようになったのです。アナウンサーや、司会者、ミュージシャンなど、言わば「発声の専門家」からもそう言われます。自分では、かなり意外でしたが、人前で話す機会が増えれば増えるほど、そう言っていただくことが多くなっていきました。

実際に私の声は、研修や講演の時、かなり力強く響き渡ります。自分でもびっくりするような時もあります。普通なら、マイクがいるような大きな会場でも、マイクなしでいけてしまうくらい声がよく通るらしいということを、主催者さんや参加者さんなどからもよく言われます。

一対一のコーチングにおいても、クライアントさんから、「安心できる声と雰囲気で、何でも話せる気になる」「声が心地良く入ってくるので、自分をしっかり見つめる時間にできる」などと言ってもらえます。

コーチングというのは、〝自己探索〟と〝自己理解〟を深める場。自己理解を深めることによって、「本当にやりたいこと」など、大切なことに気づく場です。

クライアントにとっては、私の声が心地良いので、この気づきが起こりやすいということらしいのです。人気のある歌手が、歌が上手いだけではなく、その声の質が人の心を震わすので、曲がヒットするのと同じようなことなのです。

そういった意味で、私の声は、「人の潜在能力発揮の促進」という私のミッションとも言うべき役目を全《まっと》うするために、非常に価値のある自己資産であるということに、結構な年齢になってから気づいたわけです。

「受け容れがたいもの」から、「授けられた大切なギフト」へと、この声に対する私自身の見方は大きく変わりました。

今では、この声を授《さず》けてくれた両親に深く感謝をしながら、多くの人々のお役に立てるように、大切に使っていこうと思っています。

私のこの話は、ある意味、「本当の自己理解が進んだこと」でもあります。自分の欠点や短所だと思っていたことが、実はまったく違った意味を持つことだったという気づき。これは〝本当の自己理解〟なのです。このような自己理解が進むと、自己否定をすることがなくなっていき、〝まるごと受け容れる度合い〟が上がっていきます。

短所が長所に変わるワーク

ここで一つの簡単なワークをご紹介します。あなたの自己理解を促進し、あなたが授けられた特徴に気づくワークです。

まずはあなたの長所・強みについてです。

あなたが自分の長所・強みだと思っていることを、できるだけたくさん書き出してみてください。コツは、頭に浮かんできたことをそのままペン先に落とし込むようにして、速いスピードでどんどん書いていくことです。

「これは長所なのだろうか？」というような、余計な思考はできるだけ回さず、ふっと頭に浮かんだものをどんどん文字にしていくこと。左の欄に直接書き込んでもいいし、付箋をお持ちの方は、付箋１枚にひとつ書き、たくさんの付箋を貼り付けられるようにするといいでしょう。

先ほど、「声」という身体的特徴を例に挙げましたが、ここではどちらかというと、「我慢強い」とか「行動が早い」など性格や習性的なことを挙げてみてください。

あなたの長所・強み

続いては、あなたが短所・弱みだと思っていることです。
要領は同じです。あまり思考を回さず、「飽きっぽい」とか「短気」とか、あなたが自分自身をどう見ているかをどんどん書いていってみてください。

あなたの短所・弱み

さあ、いかがでしょうか？　意外なものも出てきたでしょうか？

次は、あなたが短所だと思っていることを変換する作業です。
短所ですから、あなたはきっとそのネガティブな面を中心に見ているのではないかと思います。ここでは、あえてそのポジティブな面を見てみようという試みです。「強みは弱みにもなり、弱みは強みにもなり得る」ということです。

あなたが短所だと思っていることが、実は長所や強みとして役に立っている、もしくはこれから役に立つ可能性もあるのです。

例えば、「引っ込み思案」を自分の短所として、ネガティブに見ている場合は、こんなポジティブな見方もあります。

○引っ込み思案→

おしとやか：はすっぱな行動をしないこと。

慎重：注意深くて、軽々しく行動しない。

落ち着いている：アクションが小さく、安定感がある。

観察力がある：本当にそこが自分にとって安全かどうか、じっくり見極める。

自分の世界を持っている：よく考え込むため自分だけの世界を持っている。

出典：「ネガポ辞典」(Hokkaido Arbeit Johosha Co., Ltd)

これらは、あまり考えずに行動する人から見れば、すごい長所に見えるのです。

また、「落ち着きがあって、自分の世界をちゃんと持っている」という印象を持たれている場合もあります。

このように一見ネガティブに見えることでも、見方によってはいろいろな側面があるのです。自分では欠点・短所だと「思い込んでいること」が、実は人から見れば、すごい長所だと感じていることは多々あるのです。


参考までに変換の例をいくつか挙げておきます。

○飽きっぽい↓
気持ちの切り替えが早い：今やっている事柄から次の事柄へ関心を移すのが早い。
視野が広い：自分が興味を持てる事柄を見つけるのが得意である。
行動力がある：少しでも気になることがあったら、ためらいなくそれに挑戦できる。

○臆病→
繊細：感情や感覚が細やかである。
思慮深い：行動に移す前に、じっくりと考えることができる。
人の心に寄り添える：自分と同じような人の気持ちを想像することができるため、優しくなれる（コーチとして、とても重要な要素です）。

○優柔不断→
フレキシブル：物事を柔軟な観点からとらえることができる。
良いところを見つけるのが上手い：そのものの長所やメリットを瞬時に発見することができる。
想像力が豊か：自分が次にとる行動で決まるであろう将来の、様々な可能性について思索する事ができる。

このワークを行う際に、とても便利なアプリがあります。それは「ネガポ辞典」というアプリです。紹介した例は、「ネガポ辞典」を参考にさせていただきました。

「ネガポ辞典」は、北海道札幌平岸高等学校の生徒らが開発したアプリで、主婦の友社から書籍が出ています。このアプリは、ネガティブに聞こえる言葉を検索すると、そのポジティブな面をいくつか紹介してくれる便利なアプリです。ぜひ活用してみてください。

変換ワーク

あなたの短所・弱みだと思っていることを、まずは一つだけでも変換してみてください。

他人と比べることに意味はない

変換をしてみていかがだったでしょうか？

あなたがこれまで短所・弱みだと思っていたことへの見方が少し変わりましたか？

変な言い方をしますが、短所・弱みと思って見ていると、短所・弱みのままになります。それを、「自分の特徴」と見てみると、見方が少し変わり出すでしょう。

その特徴は、短所・弱みにもなり得るけれど、使い方によっては、長所・強みにもなり得ます。さらには、あなたにしか表現できない、あなただけの貴重な個性にもなり得るのです。

大切なのは、それを特徴・個性として受け止めること。

人と比較して、ちょっと違っている自分を妙に気にしたり、卑下したりしないこと。

例えば、松の木は曲がるのが個性です。松の木のいいところは、まっすぐ伸びる杉の中で育っても、自分が曲がっていることを気にしたり、卑下したりせず、すくすくと曲がって育つところです。

「みんなまっすぐなのに、自分は曲がっているから恥ずかしいなあ、ダメだなあ」とは決して思いません。

そして、悩むことなく順調に曲がって育った松は、やがて堂々と立派な枝ぶりを見せることになります。

それを見ている人からすれば、「まっすぐ育つ杉もいいなあ。一方、松の木のこの何ともいえない曲がり方も味わい深くていいんだよなあ」ということになります。それぞれが、その特徴と個性を発揮しているということです。

あなたも、あなたの特徴と個性をぜひ愛してみてください。そして、それを活用し続けてみてください。あなた自身を受容することが少しずつ進んでいくと思います。

［自己肯定感を高める方法②］

「自分を育てるコーチ」を心に宿す

小さな行動一回一回にOKを出す

自己肯定感を持つには、本書に何度も登場する「自分にOKを出す」ということが重要です。そして、これを習慣にできれば、自己肯定感を持つ土台がどんどんと強固になっていきます。

ところで、「自分にOKを出す」とはどういうことでしょうか。

それは、「小さな行動をした自分にOKを出す」ということです。

第3章で紹介したAさんは、最初のステップとして、「20時45分までに会社を出る」という小さな行動を始めました。この15分だけ退社時間を早めるという小さな行動ができた時に、自分に「よくやったOK！」とOKを出してあげます。このようなことを習慣化するのが、自分にOKを出す習慣です。

飛び越えるのは、決して難しくないハードルでも、ちゃんと飛び越えたという事実を、一回一回きちんと自分で認めてあげるのです。

自己肯定感の低い人は、すごい人や自分より上のレベルにある人と自分を比較して、その人たちのようにできていない自分に、ついダメ出ししてしまいます。そして、それをくり返すことで、どんどん自己肯定感を下げてしまいます。

自己肯定感を持つためには、きちんと自分を認める機会を増やしてあげることがとても有効です。

小さなことでもやった事実を作り、ＯＫを日々積み上げていくこと。これは、些細なことのように思えるかもしれませんが、この積み上げが、あなたの自己肯定感を確実に回復させていくのです。

これを習慣化できれば、やがてその積み上げはとても大きなものとなります。これをやり続けるのと、やらないのとでは、数カ月後、数年後には大きな違いが生まれてくるのです。

誰よりも自分に認められたい！

人間は、他人の評価を気にするという側面がありますが、本当に評価して欲しい人は誰でしょうか？

人間は、誰より自分に一番認められたいのです。

人からの評価を気にするというのも、人の評価を通して、自分を認めたいのです。自分で自分を認めることができないと、他人のフィルターを通して、自分を認めるかどうかを決めるようとします。

オススメするのは、そんな大回りはせず、小さなことでも直接自分を認めることを積み重ねていくやり方です。

誰よりも認めて欲しい人（自分自身）から日々認められるので、気分が良くならないわけがありません。そのため、これを積み重ねていくことで、毎日の気分が変わっていきます。

一方、人は、かなり意識をしていても、ついダメ出ししてしまうことがあります。こんなマイナスがあっても、自分にＯＫを出すことを積み上げていくと、そのマイナスを補って、また少しずつプラスにしていくことができるのです。

大事なことは、自分の小さな行動に一つひとつ丁寧にＯＫを出すことです。

朝、アラームが鳴って起きたら、「よし、起きた。ＯＫ」。

出社したら「よし、今日も出社した。ＯＫ」。

ちょっと気分が乗らない中でしなければいけないことに、少しでも手をつけたら、

「よし、少しでも手をつけた。ＯＫ」

とＯＫを積み上げるのです。

オススメは、実際に「ＯＫ！」と何度も口に出すことです。口に出すことによって、その声をあなたの脳は聞いていきます。これを積み上げると、あなたの脳の中は、あなた自身からのＯＫで溢《あふ》れていきます。この効果は実際、想像以上に凄いです。

シンプルなことですが、やるかやらないかで、これからのあなたの人生の大きな違いとなってくるでしょう。

「めげずにやり続ける」ことが成功の秘訣

これは、特にチャレンジをして、失敗してしまった時にも有効です。

失敗した時は、多くの人が落ち込みます。

「やっぱり自分には力がないんだ」

「自分には無理だ」

「自分はダメだ」

などと、思いがちです。

そして、「自分はこの程度の人間なんだ」と自分で自分の限界を勝手に決めてしまう場合もあります。


ここまで読まれて、もうお分かりですね。

そう、これをやるから、自己肯定感が下がり、潜在能力が出てこないのです。

そして、再びチャレンジに取り組むようなマインドになかなかなれないのです。

成功者の特徴は、「めげずにやり続ける」ことにあります。

普通の人と成功者の決定的な違いは、才能の問題ではなく、この「めげずにやり続ける」なのです。

成功とは確率論の問題でもあります。失敗しても何度もチャレンジすれば、成功する確率はどんどん高まっていき、いつか成功するということです。逆に成功しない人は、一度や二度の失敗でくじけたり、自分の格好悪い姿を見せたくなくて、チャレンジをやめてしまったりするので、いつまでたっても成功しないのです。

成功者は、「やっぱり自分には力がないんだ」「自分には無理だ」「自分はダメだ」というような「自己否定」はしません。

失敗してもいちいち自己否定をせず、「では次にどうしたらいいのか？」を考えて行動し続けます。だから、自己肯定感を下げることに時間を費やさないのです。よしんば、失敗した直後に、多少の自己否定をしてしまったとしても、否定し続けることはせず、どこかで切り替え、立ち直ります。

実にここの違いだけです。しかしこの違いこそが、才能の違いよりもはるかに大きなインパクトを生み出すのです。


その切り替えのコツの一つが、「自分にOKを出す」ことです。

失敗してしまっても、チャレンジした自分にOK！

完璧な取り組みができなかったとしても、実際に動いてみた自分にOK！

「もっと上手くやれたところがあった」という思いがあっても、「次にどうすればいいか」が分かった自分にOK！

このように、まず自分にOKを出してあげましょう。

また、「あまりOKを出せる部分がなかったなあ」と思う場合でも今、OKを探しながら、これから何とかしようとしている自分にOK！　とやってあげるのです。


ポイントは、OKをチャレンジや行動のプロセスにも入れてあげること。

成功したらOKを出すのではなく、チャレンジの一つひとつの小さなプロセスをやっている自分や、少し前向きに切り替えることができた自分にちゃんとOKを出してあげることです。乗り越えるべきは、これまでの自分、他人との比較ではないのです。

ＯＫを出す目的は、自分を甘やかすためではなく、復活のための心のエネルギー、そして続けるための心のエネルギーを増幅していくことです。

これをくり返し、自分にＯＫをあげることを積み重ねていけば、次第にチャレンジする勇気が湧いてきて、もっともっとチャレンジできる体質になっていきます。

意識すべきことは、失敗しても再びアクションを起こすことができる体質を作ること。たとえ失敗しても、アクションを起こし続けることがあなたを成功に導くのです。

ＯＫを出すことを積み重ねることは、言わば、あなたの中に「自分を育てるコーチを宿すこと」です。

小さな行動に、いつもＯＫを出してくれるコーチ。そして、たとえ失敗しても、チャレンジしたこと、その勇気を出したことに、思いっきりＯＫを出して応援してくれるコーチがいたら、あなたの心のエネルギーの状態はどうなっていくでしょうか？

あなたを落ち込ませたり、勇気をくじいてくる人は、残念ながらたくさんいます。そんな中、あなた自身までが同じようにあなたを落ち込ませたり、勇気をくじいていたら、立ち直ることができる可能性が限りなく薄くなってしまうでしょう。

だから、**少なくともあなただけは、どんな時も自分自身の味方になってあげてください。**「自分を育てるコーチ」を、しっかりとあなたの中に宿してください。

勇気をくじいてくる人への対処法

自分にOKを出すことができるようになってきても、現実問題として、あなたの周りに、あなたが何かをやろうとする勇気をくじき、心のエネルギーを減らそうとする人たちがいるかもしれません。

今、あなたの頭にそんな人の顔が浮かんできているとしたら、その人は、「本当の意味で強い人ではない」と考えてまず間違いないでしょう。

心が満たされていなかったり、余裕がない状態だから、人の勇気をくじかざるを得ない心理状態になっているだけなのです。

ただそれだけです。

ここで重要なのは、そういう状態の人に心のエネルギーを奪われないように意識することです。相手から勇気くじきの言葉が飛んできたら、「この人、弱い状態だから、そういうことを言うんだな」と思ってください。その言葉を受けた自分がいいとか悪いとかに意識を持っていくのではなく、「この人はなぜそういうことを言うのだろう?」と相手に意識を持っていくことです。こうすると、あなたの心のエネルギーは奪われにくくなります。

私が留学する時、会社の人たちが送別会を開いてくれました。多くの方々が激励や、勇気が湧く言葉をくれる中、ある方が私のところへやってきました。

そして「留学? お前なんかが成功するわけがない」と言ってきたのです。

少々ショックを受けた後、私が思ったのは「なんでこの人、こんなことを言うんだろう?」ということでした。

分かったのは、どうやら留学する私を羨ましく思っているらしいということです。羨ましくて、心が満たされない状態なので、そんな言葉を私に浴びせて、なんとか自分の心を保とうとしていたのです。

さらに、その後には「俺がもっと若かったらなあ」という言葉が出てきました。それを聞いて、「ああ、やっぱりそういうことか……」と合点が入ったわけです。

そんな人の言葉にいちいちネガティブな影響を受けるなんて、バカらしいと思ったと同時に、「俺がもっと若かったらなあ」などという言葉を吐く人生は送るまい、との思いを強くしました。そこで、その人との会話は最小限に留め、さっさと別の席に移動しました。今では、ある意味、この出来事に感謝さえしています。


このように対処することによって、大事な心のエネルギーを奪われることを避けることができます。**ポイントは、「そういう人たちの言葉をまともに受け止めるのは損だ」と思うことです。まともに相手にしなければいいのです。**


また、あなたの心のエネルギーを奪いそうな人に、動物のキャラクターをつけるのも一つの手です。ここでもキャラクター化作戦です（笑）。

その人がネズミに似ていたら、ネズミだと思ってみる。その人の顔が本当にネズミに見えてくるぐらいのイメージをしてみる。

その人が何か言っても、「ああ、ネズミがチューチュー言っているな」ぐらいに思って受け流す。勇気くじきの言葉が飛んできても「まあ、心が満たされていないネズミが言うことだから」とまともに取り合わない。そんな風に考えるだけで、意外なほど心が軽くなります。

できるだけそういった人たちとの関係性に、意識と時間を割くことをやめて、自分を育てるコーチを心に宿すことに専念するほうが、あなたに変革をもたらすはずです。

［自己肯定感を高める方法③］

「当たり前」を感謝に変える

感謝すると良いことが集まってくる

自己肯定感を持つために、かなり有効なことをもうひとつご紹介します。
それは、感謝すること。

ここ数日間の自分を振り返ってみてください。

どんなことに感謝しましたか？
どんな人に感謝しましたか？
どのくらい感謝しましたか？

「感謝と言われても、あまり感謝することなんかないし、そんな善人ぶるのも何だかなあ」と思われている方がいらっしゃるかもしれません。
本書は道徳の本ではありませんし、道徳的なことを押し付けるつもりもありません。

私がお伝えしたいのは、

「たくさん感謝すると、得なことがたくさん起きる」

ということです。

「感謝することがない」と思うのは仕方がないと思います。私自身も10年くらい前は、同じような気持ちでした。

「感謝することがない」というのは、生きる上での様々なことを「当たり前」だと思っているからです。

「注文した料理がちゃんと出てくるのは当たり前だろう（金を払っているのだから）」

「育ててくれるのが当たり前だろう（親なんだから）」

「上司が依頼したことを、ちゃんとやってくるのが当たり前だろう（部下なんだから）」

これらのちょっとしたことを「当たり前」と捉えると、感謝の気持ちなど湧いてきません。

しかし、本当に当たり前なのでしょうか？

例えば、700円のアジフライ定食を頼んで、その定食が目の前にちゃんと運ばれてきた状態を想像してみてください。あなたが700円を払ったその対価として、この定食が運ばれてきました。

ここで考えてみてください。

この定食があなたの目の前に現れるのに、どれだけの人がかかわってきたのでしょうか？

危険を伴う場合もある漁に出て、アジを獲ってくれた漁師さん、パン粉の小麦や米や野菜を栽培してくれた農家のみなさん、それらを運んでくれたり、販売してくれたりした流通業のみなさん、それを料理し、配膳してくれたお店の方、それ以外にも数多くの人の手がかかって、やっとのことでアジフライ定食として目の前に現れてくれているのです。それを、「700円要らないから、自分一人で全部やって」と言われたら、どうでしょうか？　困ってしまいますよね。

こう考えると、たかがアジフライ定食というなかれ、「目の前にちゃんと出していただいて感謝」となるのではないでしょうか？

当たり前のようで、当たり前ではない

子どもを育てるために、一生懸命働き、完璧ではないにせよ、多くの苦労がありながら、自分に様々な計らいをしてくれる親の毎日の行為は「当たり前」でしょうか？

あなたが親の立場になってみて、自分の子どもが「育ててくれるのは当たり前だろう」という態度で、感謝もしてくれなかったらどうでしょうか？

親と思うから当たり前だと思ってしまう、という側面もあります。例えば、遠い親戚のおじさんおばさん夫妻が、あなたが学校に行ったり、生活するために毎月何十万円というお金を出してくれたとしたら、それは当たり前ではないですよね。

こう考えると、親に感謝を感じられるところは至るところにあると思います。

部下が仕事をしてくれるのは、部下というものは上司の指示に従うのが当たり前だからでしょうか？

仮にあなたに3人の部下がいたとして、みながその当たり前のことをしてくれなか

ったら、あなたのチームの仕事はどうなってしまうでしょうか？

一方、あなたが部下の立場の場合、やるべきことを一生懸命やっても、上司から一言のねぎらいもなかったら、どうでしょうか？

逆に、「きっちりやってくれたね。ありがとう。本当に助かるよ」と言われたらどうでしょうか？

これを嬉しいと感じるならば、**今度はあなたが感謝するほうになるのはいかがでしょう。**上司と部下の関係が、きっとより円滑になると思います。


そして、世の中の様々なことが感謝すべきことであるという感覚が育つと、例えば、「このしんどい仕事をやってくれてありがとう！」というように、自分自身にも感謝を感じられるようになります。

この自分への感謝も自己肯定につながっていくのです。ちなみに私は、自分自身への感謝を、自分が映る鏡に向かって言うことを習慣にしています。

感謝ノートのすごい力

ここでおすすめすることは、「感謝ノートをつける習慣」です。

これは、一日の終わりに、その日感謝したことをノートに3つ書く習慣。読者のみなさんの中には、すでにこれを習慣化している方がいらっしゃるかもしれません。

米ハーバード大学の人気指導員で心理学者のショーン・エイカー博士によると、これに費やす時間は、一日たった2分半で、これを21日続けるだけで、ポジティブなものを見つけようとするパターンが脳の中にできてくるそうです。そして、これを習慣化して続けることによって、このパターンはさらに強化されていきます。

もしあなたが、「自分はネガティブだ」という思い込みに悩んでいるとしたら、それを解決するための習慣としてもかなり強力なものでしょう。

このパターンを強化していくと、これまでご紹介した短所・弱みと捉えていることのポジティブ化、あるいはニュートラル化もっと自然にできてくるようになります。

そして、ポジティブな発想が自然に強化されていくので、自分にOKを出す習慣もより進むことになります。

この「自然に」という点が大事なところです。無理やりポジティブになろうとするのではなく、まるで漢方薬のように自然に柔軟な心の体質ができてくるのです。

このことにより、自分を否定する機会はどんどん減っていき、自己肯定感を持てるようになってくるわけです。

感謝を感じるというのは、実に清々《すがすが》しいもので、一日の終わりに、この感覚を得られるというのも、「得なこと」のひとつです。こんな感覚の毎日ですから、非常に寝つきも良く、快眠を享受しながら、早起きまでできてしまうという大きなメリットもあります。

そして、この感覚があると「今日も感謝を感じることができることをしよう」という気持ちになってくるので、良い連鎖がどんどん起こってくるのです。

私の私塾である「一流習慣養成塾」という、一流の習慣を身につけるための塾の塾生さんたちには、これを必ず習慣化してもらっています。

最初は、感謝することを見つけるのに苦労する人もいますが、そんな人でも、やがて「朝、目覚めて、また新たな一日を迎えられることにも感謝。世の中には感謝することだらけ」というような感覚になってくると言います。

そして、入塾当初は、ネガティブで否定的なものの見方が多く、自己肯定感を持てなかったような塾生さんでも、数週間後には、見違えるように、ポジティブで、積極的になっていきます。こういう変化が起こって、自己肯定感が上がらないわけがないのです。

こうした変化を何件も実際に目の当たりにすることで、私自身、感謝の習慣のパワーを確信しています。

第5章

自分を変える2つの習慣

［自分を変える習慣の秘訣①］

目的を具体的にイメージする

実践しなければ意味はない

ここまで読まれたあなたは、今、どんな気持ちでしょうか？

「ここに書かれているようなことを、やらなければいけないのかなあ」

「分かるんだけど、習慣化って難しいよな」

「どうしたら、習慣化していけるのだろうか？」

……など、様々な思いを抱えていると思います。


本書では自己肯定感を上げるための具体的な方法を書いてきましたが、**ただ単に読むだけで、何の行動も起こさなかったら、あなたの人生は何も変わりません。**

私は、学者ではなく、実践家です。最先端の情報や理論を唱えるだけではなく、実際にリアルな変化を人々にもたらすのが私の仕事。講演、コンサルティング、企業研修、コーチング、私塾など、人々の変化の実現のため、そして潜在能力の発揮のための仕事に、日々真剣に向き合っています。

そんな私としては、縁あって本書を読んでいただいているあなたに、実際の変化を起こしていただきたいと切に願っています。

然《しか》るべきことを実践していけば、あなたの中に確実に変化が現れます。良いニュースは、その変化はあなたの人生に、かなりのレベルのプラスのインパクトを与える変化であるということです。

習慣の力で天才を超えられる!?

では、どうしたらスムーズに習慣を変えることができるのでしょうか？

「天才とは、習慣化されていない方法でものごとを知覚する能力にすぎない」

アメリカの心理学の祖と言われるウィリアム・ジェイムズはこう言いました（『リーダーになる［増補改訂版］』ウォレン・ベニス著、伊東奈美子訳、海と月社）。

人は才能や天才性に憧れます。そんな中、このウィリアム・ジェイムズの言葉は、こう捉えることもできます。

「然るべきことを習慣化すれば、天才レベルのことができるようになる」

そこで、ここからは、あなたが自己肯定感を取り戻すために有効な、習慣化のためのスキルについてお伝えすることにしましょう。

その考え方の基本は「飛べるハードルを飛び続ける」ということです。

知識を知識のままに留めおいたり、新しいことにいくつも同時に手を出して、すぐにやめたりすることのくり返しでは、好循環に入るチャンスを逃してしまいます。これはとてももったいないこと。

これからお伝えする「習慣力メソッド」は、そんなもったいない時間を使わないためのライフスキルでもあるのです。

本当にやりたいことを明確にする

習慣を続けるためのコツはいろいろな書物などに紹介されています。しかし、単なるコツやテクニックだけでは十分とは言えません。続けるための確固たる原動力が必要なのです。

それは、あなたの内側から湧いて出てくるモチベーション。**そのモチベーションの源泉は「あなたが本当にやりたいこと」にあります。**

すなわち、「何のために習慣を身につけるのか？」という目的を明確にするということです。

その「何のため」が「本当にやりたいこと」として腹に落ちれば、自ずとあなたの内側から強いモチベーションが湧いてきます。このモチベーションは、一時的なものではなく、長く続くものとなります。これが、持続的な行動の原動力となるのです。

よくありがちなのが、目的と手段を混同してしまうこと。手段を目的と思ってしまっているような場合です。

例えば、「英語を勉強したい」という人にその目的を聞いてみると、「TOEFL®の点数を上げたいから」という答えが返ってきたりします。そして、なぜTOEFL®の点数を上げたいのかを聞いてみると、「仕事で英語を使いたいから」というひとつ上の目的が明らかになります。

しかし、それは本当の目的なのでしょうか。

大事なことは、その先にあること。「なぜ仕事で英語を使いたいか？」ということにあります。仕事で英語を使うことは、何かのための手段であり、本当の目的ではないはずです。

本当の目的を明確にするためには、「仕事で英語を使えるようになって、何をしたい？」というシンプルな質問をしてみることが有効です。そして、その答えが、「箔《はく》がつく」とか「給料の良いところに転職できる」とかであれば、それも本当の目的かどうかを疑ってみる必要があります。**それは仕事で英語が使えることのメリットであって、本当の目的ではないのです。**

実際にコーチングセッションでお話を聞いてみても、当初そのメリットのことだけが頭にあって、仕事で英語が使えるようになったその先で、「何をやりたいのか？」「どんな形で人や社会に貢献したいのか？」を明確にしていない人が実に多いという現状があります。

本当の目的を明確にするワーク

さて、あなたが「自己肯定感を上げたい」と思っているのならば、それはどうしてでしょうか？

自己肯定感を上げて、この人生で何をしたいのでしょうか？

ここでは、自己肯定感が上がったその先のことをイメージしてみることが大切です。ここであらためて自分自身に聞いてみてください。

「自己肯定感が十分に上がったとして、本当はどうなるといい？」

お分かりのように、自己肯定感を上げることも、何かのための過程です。その何かを明確にしてあげることで、あなたが自己肯定感を上げるための行動を続ける内発的なモチベーションが大きく高まるのです。

リラックスした状態を作りながら、次のワークをぜひやってみてください。

このワークをするにあたって、大事なことは、**できるだけ気持ちと体をリラックスさせて取り組む**ということです。頭を使って、理屈やロジックで考えるより、自然に感じるご自身の感覚に素直になってみてください。

そして、現実的に達成できる、できないという思考に少し休んでもらい、「達成している」というイメージを湧かせてみることに集中してみると、より上手くいきます。

この時、**「自分が何でも達成できる魔法の杖《つえ》を持っている」**というイメージをしてみるのもいいでしょう。

本当の目的を明確にするワーク

A：あなたが自己肯定感を上げたいのはどうしてですか？

＊思いつく理由をできるだけたくさん出してください。

B：次にAに書いたことが全て解決し、達成できたとイメージしてください。その上で、本当はどうなるといいですか？

C：あなたが本当にやりたいことは何ですか？

D：Cを実現するために、この本に書かれている方法の中で、まずどれから始めていきますか？

＊2章〜4章参照

［自分を変える習慣の秘訣②］

飛び越えられる低いハードルを設定する

習慣化のステップを〝見える化〟する

習慣化を進めるために大事なことは、「習慣化の段階を知る」ということです。これは、習慣化がどのくらい進んでいるのかを〝見える化〟するということでもあります。

次ページの図は習慣化の段階を知る概念図です。習慣化のための最初のステップが、「知らない」から「知っている」という段階に昇るステップです。これは、具体的に何を習慣にしたら良いのか知らない状態から、知っている状態になるということ。

このステップで重要なことは、**ただ単に良さそうな習慣を知るということではなく、「あなたの人生レベルで重要な習慣を知る」ということです。**この点で、先ほどの本当にやりたいことを知るワークがキーになってきます。

本当にやりたいことが分かれば、そのためにしっかりした自己肯定感を持つことがいかに大切か分かり、自己肯定感を持つための実践を続けることがいかに大切かも分かります。

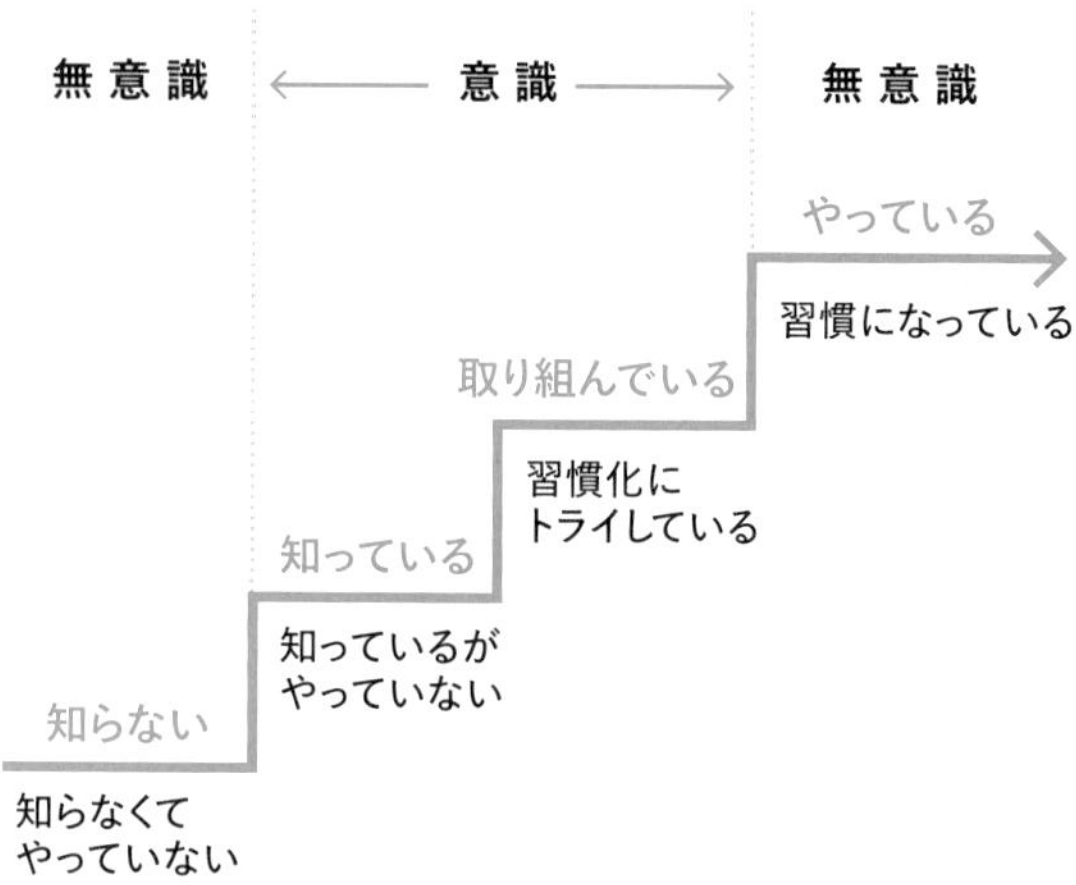

ここでの腹落ち具合が、次の「取り組んでいる」というステップに進むモチベーションに影響します。しっかりと腹落ちしていれば、どんな習慣が自己肯定感を上げてくれるのか「知っている」だけに留まらず、それを実践してみる段階に入ります。実際に習慣に取り組んでいる段階が、図中の「取り組んでいる」という段階です。

まずはここに進むことが大事です。様々な本を読んでいても、本の内容を実践していなければ、あなたのレベルは図でいう「知っている」のレベルに留まります。

良いゴルフ道具をどんどん買い揃えているのに、然るべき練習をくり返さない状態では、ゴルフが上達するわけがありません。

それと同じで、知識だけ身につけても、それを使って実践をし、創意工夫を重ねてゆかなければ、ビジネスで成功する見込みは、限りなく低くなってしまうわけです。

このように、インプットばかりをくり返すだけでは、知識オタクになってしまいます。知識オタクになると、「自分は知識を得ているから、ちゃんとできるはず」という変な思い込みができてしまいます。

しかし、実際は、図中の「知っている」レベルに留まっており、アウトプットすることによる学びと気づき（これが本当の学び）を経験していないので、使える力はほとんどついていないのです。

三日坊主の罠に陥る原因はこれ！

さらなるステップは、「取り組んでいる」から「やっている」というステップです。

これは、実践し始め、そして続けることによって、習慣化に至るステップです。

このステップを昇るためには、まず「取り組んでいる」という段階をしっかりと経る必要があります。「取り組んでいる」という段階は、習慣化にトライをしている段階。**この段階を超えると、習慣化し、「当たり前にやっている」という段階にアップするわけです。**

実践を開始し、習慣化の段階に入ると、日々意志を使ってそれを続ける必要があります。多くの人たちが、この段階で脱落していってしまいます。つまり、「続けられない」のです。その多くは、三日坊主で終了です。

その大きな要因のひとつは、「やることのハードル設定を高くしすぎる」ことにあります。

ハードル設定が高いと、続けるための意志力がたくさん必要になります。ダイエットをするからと言って、「朝ごはんも夕ごはんも抜く」などというハードル設定をしたら、どうなるでしょうか。おそらく、普通の人なら、3日も続かないでしょう。

あるいは、普段ほとんど運動をしていない人が、「毎日ジムに通う」などというハードル設定をしたら、果たして続けることができるでしょうか。

行動の習慣化の初期の段階で、多くの人がハードルを高く設定し、無理をしたり、がんばり過ぎたりします。そして、これまた多くの人が、早々と脱落していきます。

習慣化のポイントは、強い意志を使わなくても飛び越えられる低いハードルを設定し、まずは3週間続けているという事実を作ることにあります。

例えば、「自分にOKを出す」という習慣をつける時も、最初から「全ての自分にOKを出さなければいけない」という感じでやると、すぐに自分の中のバランスを失います。それまで否定し続けてきたものを一気に全肯定に変えるのは無理があり、続けられなくなるのです。

だから、まず今まで10回中10回否定してきたものを、10回のうち1回はOKを自然に出せるところを探してみる。そして実際に「OK」と言ってみることで、心が少し楽になり、10回に2回できる状態につなげられるのです。

これを続けていくことによって、やがて10回に10回、自然にOKと言えるようになってくるのです。

習慣化ができないもうひとつの要因は、「一度にたくさんの習慣を始めようとする」ことです。何かに刺激され、早起きも、英語の勉強も、ダイエットも同時に始める。そして、3日以内に全滅する。こんな笑えない話が、実は結構あります。

習慣はひとつをものにするだけでも簡単ではありません。それを、3つも4つも一気に始めようとしても、続くわけがないのです。意志の力は消耗するものなので、3つも4つも同時にやることによって、激しく消耗されて、補充が追いつかず、やがて空になり、試合終了となってしまうのです。

インスタントな努力からは、インスタントな結果しか生まれない

これら2つに共通することは、「すぐに結果を求める心」です。

これをいかに抑え、日々一歩一歩進もうとすることができるかが、大きなポイントです。

すぐに結果を求めるから、ハードルの設定が高くなる。数日ハードなダイエットをやってみて、すぐに何キロ落ちた、落ちないで一喜一憂する。すぐにTOEIC®の点数を上げたいからといって、「毎日2時間の勉強」などと、忙しい毎日の中で無理

ようとする。すぐに結果を求めるから、それ以外にも多くの習慣を一度に始めようとする。これが続かない原因です。

英語の勉強で言えば、試験対策などでどこかで一定期間集中してやることは大切ですが、英語の実力をちゃんと上げていく人は、試験前だけがんばるのではなく、普段から粛々と学習を習慣化して、少しずつ確実に積み上げる毎日を送っているものです。

インスタントな努力は、インスタントな結果しか生み出しません。一時しのぎ的な結果は出せても、一流の結果は出せないのです。

すぐに結果を求めず、少しのことを継続していきましょう。これがあなたに本当の力を発揮させるのです。

継続していくと、最初は低い設定だったハードルも、やがて無理なく上げていくことができます。ハードルが自然に上がるので、やがて成果は2次曲線のように、グングン上がっていきます。しかも、習慣化すると、やがて意志の力をほとんど使わずに、毎日それを続けることができるようになってくるのです。

ここまでで、「最初は低いハードルを飛び続ければいい」ということが、ご理解いただけたのではないでしょうか。こう考えると、少し気がラクになりませんか。

特に、自己肯定感という課題は、一生ものの課題。焦ってインスタントに進めるのではなく、しっかりとあなたの自己肯定感の土台を作っていきましょう。ハードルの低いことから確実に始め、まずは3週間、確実に続けていくことが肝心です（習慣化の秘訣についてさらに詳しくは『自分を変える習慣力』〈クロスメディア・パブリッシング〉の中でお伝えしています。ご参照ください）。

さあ、あらためて、あなたがこれから始めていく習慣は何ですか？

第6章

自己開示で潜在能力が解放される

安心安全の場が、
あなたを解放し
自己肯定感を上げてくれる

習慣の力で人生を変える

良い習慣はあなたの人生を変えます。
それほどのパワーがあるのです。

実際に、私自身も習慣の力で人生が大きく変わりました。

私のクライアントさんたちの中には、「習慣力」を身につけたことにより、暗く落ち込んでいた人生が一転し、進むべき道に向かって、ハツラツと進み出された方々がたくさんいらっしゃいます。

また、これまでビジネスで成功を収めながら、何か不安で安定しない毎日を送っていた経営者の方々が、習慣が生み出す規律性の高い日々によって、「心と感情の安定」というお金には変え難いものを得るというケースを幾度となくお手伝いしてきました。

私が経営する人材育成・組織開発コンサルティング会社、株式会社チームダイナミクスでは、**「休み明けの朝、元気に仕事に向かう人をこの社会に増やす」**を存在目的としています。人々が元気に仕事に向かうようになるためには、スキルの問題だけでなく、人の内的な変化が必要です。気づき→行動の習慣化という流れが、マインドセットのチェンジを始めとする内的な変化を起こすのです。

お伝えしてきたように、良いと思われる習慣を片っ端から身につけようという姿勢はおすすめしません。

まずは、あなたの本当の目的を明確にすること。

そうすれば、あなたの習慣への取り組みのエネルギーにスイッチが入ります。

そして、〝本当の目的に向かうための行動〟を続けていくと、やがてそのためにあなたに与えられた、あなただけの特徴というものに気づくことになるでしょう。

大切なことは、それらを特徴・個性として、しっかりと受け止めること。

人と比較して、自分を卑下したりしないこと。

そうすれば、あなたが短所や欠点だと思い込んでいた、あなたの特徴・個性が、とても貴重な宝物となっていきます。

これは、前述の声の話をはじめ、私自身にもいくつか起こったことです。また、クライアントさんたちを見ていても、〝本当の目的に向かうための行動〟の過程の中で、この変換は自ずと起こってくることだと感じています。

必要なものは、すでにある

短所や欠点だけに限りません。本当の目的が見えてくると、才能についての捉え方にも大きな変化が起こってきます。

本当の目的が見えてくると、「できない」「才能がない」と自分を否定していたことも、あまり気にならなくなります。「ここについては、やりたいことには関係ないから、どうでもいいかな」という感じに思えるようになってくるのです。

私は、小学校低学年の頃、足が遅くて、運動会が大嫌いでした。音楽が苦手で、音楽会も嫌いでした。

それでも、中学・高校とテニスをやり、バンドでドラムをやりました。そして、自分より明らかに運動神経の良い子や、音楽の才能がある子が、人生にどんどん登場してきました。当然の流れとして、自分の運動神経と音楽の才能のなさに、自己否定と格闘する日々が続きました。スポーツや音楽のヒーローたちに憧れ、それらの才能が欲しくて欲しくて仕方がなかった時期を過ごしました。

その自己否定は大人になっても続きました。才能溢れるアスリートやミュージシャンを見ては「あんな才能を持って生まれてきていたら……」と思う気持ちは、子どもの頃と同じでした。

仕事に関しても同じです。私はいわゆる社内情報というものに疎《うと》いタイプで、社内で上手く立ち回ることが苦手でした。上司に「もっと社内政治を覚えなさい」と言われたこともありました。先輩に、真っ向から正論で勝負して、毛嫌いされることもしばしば。また、マイペースなので、泳がせてくれる上司の場合はいいのですが、几帳《きちょう》面《めん》なタイプの上司とは、決定的にそりが合いません。

そんなこんなで、ビジネスパーソンとして大事な、〝器用さ〟という才能が欠落している自分にダメ出ししながら「島耕作のようになれたら」と思う日が続きました。

そんな中、**自分がやるべきことや、本当にやりたいことが見え始めると、それにあまり関連しない自分の才能については、段々とどうでもよくなってくるという感覚が生まれてきました。**

「ロジャー・フェデラーのようなテニスができたら」と思いながら、自分の運動の才能を否定することも、「ジョン・ボーナムのようにドラムが叩けたら」と思いながら、自分のリズム感のなさを嘆くことも、段々とどうでもよくなっていきました。**この人生で私のやるべき使命とは、なんら関係ないからです。**

この感覚ができてくると、これまでよりもテニスを楽しめたり、ドラムのちょっとしたフレーズができるようになった自分にOKを出せるようになりました。これはとても豊かな感覚です。今考えると、社会人になり、プロテニスプレイヤーやプロドラマーになることなどとっくに諦めているのに、何十年もこれらの才能のなさに対する自己否定が残り続けていたことのほうが何とも不思議です。

また、「人の潜在能力発揮のお手伝いをする」という、自分の「本当にやりたいこと」が明確になった時から、島耕作のようになれないことなど、どうでもよくなっていったのです。今では逆に、この不器用さが、人の痛みが分かることにも繋がっているような気がします。

そして、今度は、「人の潜在能力発揮のお手伝いをする」という目的に対して、自分が与えられている〝ギフト〟に気づくことができるようになっていきました。中には、短所・欠点だと捉えていたことが、とてもありがたいギフトであるという変換もいくつかあったのです。

そして、それらすべてをまるごと受け容れることで、自己受容は進み、自己肯定感は上昇していきました。

そして**「必要なものは十分に与えられている。それに気づかなかっただけだ」という思いに至りました。**

それを考えると、自分にダメ出しをし、否定すること自体がバカらしく、とても損なことであるという感覚になっていきました。

この思いが、多くの人に「バカらしく、損なことをし続けることをやめてほしい」

という思いにつながり、こうして本書を書く動機につながっているのです。

人生が上手くいかない原因のほとんどは、自分の内側にあります。

外部要因はいかにもその原因のように見えているだけです。

悩まなくても良いことに悩み、人との比較や嫉妬《しっと》など、やらなくても良いことをやり続けてしまうことによって、自己肯定感を下げたり、人間関係を悪化させたりしてしまうのです。

これは傍から見れば滑稽ですが、本人はそんな自分の姿をなかなか客観的に見ることができません。

そんな中、**上手くいかない自分を冷静に観察してみると、自分で自分の足を引っ張って倒れるような、一人相撲をやっているに過ぎないということがよく分かります。**

人生を上手くいかないようにしているのは、ほとんどの場合、この一人相撲による結果です。人と比較して自己肯定感を下げるようなことも、この一人相撲のひとつです。ついつい陥ってしまいがちですが、これをやることにメリットはありません。逆にいえば、自己理解を深め、あなた自身が自分の人生のリーダーとして、そして、自分を育てるコーチとして、一人相撲に陥ることなくしっかり進めば、あなたらしい生き生きとした人生を歩むことができるのです。

『This Is Me』

『グレイテスト・ショーマン』という映画で、ヒュー・ジャックマン演じる主人公のP・T・バーナムが運営するサーカス団には、様々な人たちが登場します。今でいうLGBTの人たちや、障害や奇形の肉体を持つ人たち、そして、黒人奴隷など、言わば、当時〝社会の除《の》け者〟としての扱いを受け続けていた人たちです。

世の中から奇異の目で見られ続け、虐《しいた》げられ、その存在さえも否定され続けた人たち。自己受容などとてもできない、自己肯定など、感じることもできなかった彼ら／彼女らの人生は、「サーカスを通じて、人々を喜ばせる」という目的を得たことにより、大きく変容していきます。

その彼ら／彼女らが、サーカスという舞台で魅せる珠玉のパフォーマンスに対する人々の歓喜と驚きの表情、そして、惜しみなく与えられる喝采《かっさい》。この舞台こそが、彼ら／彼女らが、その本来の輝きをいかんなく発揮する場となったのです。

虐《しいた》げられ、自己の存在否定までもしてきた人たちが、「この瞬間のために生まれ、この瞬間のために生きてきた」と実感できる瞬間を味わいます。そして、「私はなるべくしてこうなった」ということに気づくことによって、社会に虐げられた日々を超え、自分をしっかりと受け容れ、心から自分自身を慈《いつく》しむことができるようになっていくのです。

その映画の中で、美しいピアノの旋律で始まり、マーチングドラムのリズムとともにサーカス団員全員で魂の合唱をする『This Is Me』（作詞作曲：Pasek Benj, Paul Justin Noble）という曲があります。

When the sharpest words wanna cut me down
鋭い（偏見の）言葉が私を切り裂こうとしても
I'm gonna send a flood, gonna drown 'em out

洪水を起こして、それらを溺《おぼ》れさせてやるわ
I am brave
I am bruised
私には勇気がある　いくら踏みにじられても
I am who I'm meant to be
This is me
私はなるべくしてこうなった
これが私よ！

「This Is Me これが私よ！」と力強く心の底から叫ぶ彼ら／彼女らの姿は、私たちの魂を激しく揺さ振ります。生まれてからずっと自分のことを受け容れられず、自分で自分を否定してきた歴史にピリオドを打ち、「これが私よ！」と力強く踏み出す姿に、私たちは大きな勇気をもらうのです。

このように、自己受容が進むと、外に対して隠すものは何もなくなります。

そして、自然に出てくるのが自己開示。

サーカスの舞台が、彼ら／彼女らの自己表現とともに、自己開示の場であったように、自己開示をすることによって、それまで短所や欠点だとひた隠しにしてきたもの、LGBTのように「世の中に受け容れてもらえないこと」と思い込んできたものを、「これが私よ！」と堂々と表現します（カミングアウト）。そうすることによって、これらのことがキラキラと輝くような珠玉の個性となって解き放たれるのです。

安心できる場所が自己開示を後押しする

これは、勇気のいることですが、本当の自分に気づき、それを認め、自己開示することによって、自己受容はさらに深く進みます。言わば、開示できている時点で、自己受容ができているのです。

自分の欠点や、過去の大きな失敗ですら、自分を成長させてくれた貴重なリソース

であることを実感することになるでしょう。

自己開示によって、人は、さらに自分らしい人生を送ることができるようになっていくのです。(この本で、私自身もたくさんの自己開示をしています)

そういった意味で、自己開示ができる〝安心安全のコミュニティ〟を持つことも、自己肯定感を上げる大切な要素のひとつ。

「ここでは何を言っても大丈夫」「何を言っても受け容れてもらえる」と思えるような安心安全のコミュニティでは、自己をしっかりと開示できるので、自己肯定感を育《はぐく》む環境となるのです。

もし、親や兄弟との関係が、安心安全のコミュニティであれば最高です。そんな関係がある人は、自ずと自己肯定感を持てるようになっていきます。一方、コーチングをしていても、自己肯定感に悩む人の多くは、親や兄弟との関係が安心安全でないケースが多いという現状があります。

しかし、そんな場合も安心してください。安心安全のコミュニティは、家庭の外でも持つことができます。親友同士の集まりであるとか、ボランティア仲間であるとか、同じ趣味や価値観を持つもの同士の集まりなども、十分安心安全の場になり得ます。

私がオンライン習慣塾などの私塾を一般の方々向けに開催しているのも、この安心安全の場で、自分らしく生きる力を一緒に身につけていくコミュニティを作るためです（実は、このコミュニティの中で、私自身の心が救われることも数多くあるのです）。

心理的な安全が一人ひとりの力を引き出す

職場という場も、安心安全の場になり得ます。上司が安心安全の存在であり、職場の仲間が安心安全の存在であるのならば、一人ひとりが自分というものをしっかりと表現でき、自己肯定感は育まれ、潜在能力の発揮はどんどん進んでいきます。

人の潜在能力発揮のお手伝いをすることがミッションの私にとっては、クライアントの職場という場がメインの活動の領域です。コンサルティングや研修プログラムの提供を通じて、リーダーがチームの心理的安全性を生み出すことによって、チームの活力が桁違《けたちが》いのものになっていくケースをたくさん見てきました。そして、従業員エンゲージメントが高まっていくことによって、休み明けの朝、元気に仕事に向かう人が組織内に増えていくのです。
（＊従業員エンゲージメント：組織と従業員とが相互に影響し合い、共に必要な存在として絆を深めながら成長できるような関係を築いていこうとする度合い）

安心安全な場のパワーについては、グーグルが２０１２年から行った「プロジェクト・アリストテレス」という従業員調査の結果からも語ることができます。

プロジェクト・アリストテレスの結果から浮かび上がった問題は、従業員が仕事とプライベートの顔を使い分けることでした。**この調査から見えてきたものは、多くの人間が会社では「本当の自分」を押し殺して、「仕事用の別人格」を作り出しているということ。**

仕事という、人生の時間の多くを使う場で、ずっと「別人格の自分」でいなければならないというのは、非常にストレスの溜まる、息苦しい状態なのではないかと思います。

これは、多くの人が、職場という環境で、「This Is Me」ができていないということです。会社としては「個性を発揮してほしい」と言いながら、個性を発揮するよりも、環境に順応した別人格を形成することを優先するようなマインドを生み出す風土や環境が、グーグルほどの会社でもあったということなのです。

これは、短所や欠点の自己開示というレベルはおろか、「私はこういう人間で、こういう考え方を持っていて、こういうことを大切にしていて、こういうことをやりたい」ということすらも周りの仲間たちにちゃんと開示せず、別人格でチームに加わり続けているということでもあります。

なぜグーグルがこの問題を重視したかというと、本当の自分を開示できることが、チームの生産性や創造性に多大な影響を与えるからです。

「心理的安全性」が高い職場では、他者への心遣いや共感、相互理解などが育まれ、チーム全体の生産性や創造性が高まります。

一人ひとりが「仮面の自分」ではなく、「素の自分」ということは、共有している目的に対しては、「誰がどんな考え方やアイデアを出してもいい」というような、均等な発言機会があり、お互いが他者理解力や共感力を持つ「心理的安全性」の高い職場といえるのです。その結果、チームメンバー同士が強く結びつき（エンゲージする）、強力なチームになっていくのです。

ハーバード大学の成人発達研究は、80年にも及ぶ、現存する世界最長の研究といわれています。この研究では、2つのグループにおける心と体の健康を、長きに渡り追跡してきました。

ひとつは1938年、当時ハーバード大学の2年生だった男性268人。もうひとつは、1930年代のボストンの極貧環境で育った少年たち456人です。

この研究でディレクターを務めるロバート・ウォルディンガー教授によると、**その研究においてのシンプルな結論のひとつが、「良い人間関係が私たちの幸福と健康を高めてくれる」ということ。**

ウォルディンガー教授は言います。

「大切なのは、友人の数ではありません。交際相手がいるかどうかでもありません。身近にいる人たちとの人間関係の質なのです」

大切なのは、属するコミュニティの人間関係の質。
人間関係の深さがどのぐらいあるのか。
お互いが一緒にいてどれくらい安心できるか。
どれだけ身構えることなく、お互いが本当の自分を見せられるか。

これらのことが重要であると言うのです。

これは、「安心安全のコミュニティを持ち、その中でどれだけ素の自分でいられるか」ということでもあります。

そのような環境の中では、自然と自己開示が進み、自己を受容し、自分らしく生きられることで、幸福度と健康度が高まっていくのです。

「取り組んでいる」から「やっている」へ

まずは、あなたが今いる場所で安心安全と感じられるコミュニティを築いたり、良いコミュニティに参加したりすること。そのことで、「This Is Me」と自己表現できる自分が、むくむくと現れてきます。

この時も、いきなり深いレベルの自己開示を行う必要はありません。少しずつでいいので、開示していくのです。

安心安全のコミュニティでは、あなたの自己開示を温かく受け止めてもらえます。そして、あなた自身も他の人の自己開示を温かく受け止め、その人を承認すること。相手の承認を受けるのと同時に、相手を承認するあなたの姿勢が大事なのです。そうすれば、あなたの自己肯定感は確実に上がっていくことになります（アドラー心理学を元にした〝承認〟については、『相手を変える習慣力』〈クロスメディア・パブリッシング〉に詳しく書いていますので、参考にしてみてください）。

さて、あなたは、ここまで本書を読み進めてこられました。

あなたが本来持っていた豊かな自己肯定感は、再びその輝きを増すことを待ってくれています。

ここまでで、「知っている」というプロセスの一歩目が進みました。次は、「取り組んでいる」というプロセスへの移行、つまり、然るべき習慣の実践になります。

このプロセスを踏むことによって、あなたの本当の自己肯定感復活の道のりが始まります。そして、無理することなく、がんばり過ぎることなく、飛べるハードルを毎日飛び続け、「やっている」という段階に上昇させていってください。

「やっている」という段階に進んだ時、あなたの潜在能力はあなたに大きな力を与えてくれるでしょう。

やるとやらないとは雲泥《うんでい》の差。人生の分かれ目は、ここにあるのです。

実践をしていくプロセスにおいて、ぜひ本書を何回も読み返し、さらに理解を深めていってください。実践を進めていくと、一回目に読んだ時には、捉えられなかった内容が、深く捉えられるようになるといったことも頻繁に起こるでしょう。


あなたには素晴らしい潜在能力があります。

その力は、あなたの特徴と深い関連があります。

だから、あなたが良いと感じるあなたの自身の側面も、そうではないと感じるあなた自身の側面も、分け隔てなく慈しんであげてください。

あなたは、他の誰でもない、大切な大切な存在です。

あなた本来の力の発揮を抑え付けてきたものが、あなたの中の思い込みや、考え方のクセならば、それらから自分を解放することによって、あなたの無限の可能性の扉はしっかりと解放されていくでしょう。


本書との出合いが、あなたが本来持っている力を発揮する機会となればと願っております。

今できることを一歩一歩、確実に踏み出していってください。


あなたは力です。

力の結晶です。

●エピローグ――あなたは、あなたが思う以上の存在であり、あなたが思う以上の力がある

コーチングや、チームの活性化など、人の潜在能力の発揮を促す仕事をさせていただいていると、人の偉大なる可能性への確信が深まる瞬間に数多く出会います。

周りに流されながら生き、将来への不安を募らせながら、ツラい休み明けの朝を迎えていた人が、自分の本当にやりたいことを見つけ、その分野のフロントランナーになっていったケース。

お互いの会話もほとんどなかったバラバラのプロジェクトチームが、やがて一丸となり、会社の将来を担う最先端の事業を推進する活気にあふれるトップチームになっていったケース。

中間管理職の厳しさに押し潰されそうになっていた人が、部下に信頼され、応援される上司となり、人の力を引き出しながら活躍するリーダーとなっていったケースな

ど、これら一つひとつのことに、人の無限の可能性への確信を深める毎日です。

本書は、読んでいただいているあなた自身が、自己肯定感を高めることで、本来の自分の能力を呼び覚ましていただくために書きました。

あなたにはそれが十分可能です。

なぜなら、あなたはあなたが思う以上の存在だから。

遥《はる》かそれ以上の存在だから。

ぜひ本書を何度も読み返し、実践してください。

人生の新たな展開にきっと出会うことでしょう。

また、講演やセミナーなど、今後もさまざまな形でご一緒できることを楽しみにしております。

普段私は、企業のリーダーシップ育成やチームビルディング、そして組織のエンゲージメントや心理的安全性の向上を促進するコンサルタント／コーチとして活動をしています。

これらのご相談は miura@teamdynamics.co.jp までいただければと思います。

最後に、多くの方々とのありがたいご縁により、本書の出版に至ったことを心からお礼申し上げます。

一流習慣養成塾、そしてオンライン習慣塾の塾生のみなさんからは、本書を執筆する上での大きなヒントや、示唆に溢れる実際のケースの数々を伝えていただきました。みなさんなしでは、本書は成立しなかったでしょう。本当にありがとう。

そして、いつも安心安全の共同体を一緒に作ってくれている株式会社チームダイナミクスのパートナーである井川由香里さん、遠藤崇さん、関口ひさこさん、三石崇さん、山田覚也さんに感謝です。

私の活動の基盤であるアドラー心理学、メンタルコーチング、そしてＮＬＰについて、深い理解を進める上での恩人である岩井俊憲さん、平本あきおさん、宮越大樹さん、山崎啓支さんに感謝です。

その他にも、感謝の意を伝えたい方が、この書面では書ききれないほどたくさんいらっしゃいます。そのすべてのみなさんに心から感謝です。

最後に、いつも私を支え続けてくれている妻、そして息子と娘、私に多大な影響を与えてくれた母と姉に本書を捧げます。

ここまでお読みいただき、本当にありがとうございました。すべてに感謝を込めて。

三浦　将

〈参考文献〉

『やり抜く力』アンジェラ・ダックワース（著）、神崎朗子（訳）、ダイヤモンド社
『GRIT平凡でも一流になれる「やり抜く力」』リンダ・キャプラン・セイラー、ロビン・コヴァル（著）、三木俊哉（訳）、日経BP社
『マインドセット「やればできる！」の研究』キャロル・S・ドゥエック（著）、今西康子（訳）、草思社
『世界のトップエリートが絶対に妥協しない小さな習慣』キャロライン・L・アーノルド（著）、白川司（訳）、大和書房
『小さな習慣』スティーヴン・ガイズ（著）・田口未和（訳）、ダイヤモンド社
『脳を鍛えるには運動しかない！』ジョンJ．レイティ、エリック・ヘイガーマン（著）、野中香方子（訳）、NHK出版
『幸福優位7つの法則仕事も人生も充実させるハーバード式最新成功理論』ショーン・エイカー（著）、高橋由紀子（訳）、徳間書店
『リーダーになる［増補改訂版］』ウォレン・ベニス（著）、伊東奈美子（訳）、海と月社
『50歳までに「生き生きした老い」を準備する』ジョージ・E・ヴァイラント（著）、米田隆（訳）、ファーストプレス
『世界最高のリーダー育成機関で幹部候補だけに教えられている仕事の基本』田口力（著）、KADOKAWA
『自己肯定感、持っていますか？ あなたの世界をガラリと変える、たったひとつの方法』水島広子（著）、大和出版
『「心がボロボロ」がスーッとラクになる本』水島広子（著）、さくら舎
『ゾーンを引き寄せる脳の習慣』辻秀一（著）、祥伝社
『限界の正体』為末大（著）、SBクリエイティブ
『ネガポ辞典』ネガポ辞典制作委員会（著）、主婦の友社

本書は、ＰＨＰ研究所より刊行された単行本『コーチングのプロが教える「できる自分」を呼び覚ます一番シンプルな方法』を、文庫収録にあたり、改題のうえ加筆、改筆、再編集したものです。

三浦　将（みうら・しょうま）
株式会社チームダイナミクス代表取締役、人材育成・組織開発コンサルタント／エグゼクティブコーチ。英国立シェフィールド大学大学院修了（理学修士）、大阪府立大学（現大阪公立大学）工学部卒。大手広告会社、外資系企業を経て、「休み明けの朝、元気に仕事に向かう人をこの社会に増やす」を目的とし、人材育成・組織開発コンサルティングや企業研修プログラムを提供する株式会社チームダイナミクスを設立。アドラー心理学やコーチングの技術を駆使した効果的な手法で、リーダーシップと自律性のある人材の育成をサポートしている。学習内容の実践と習慣化を重視した研修プログラムのリピート率は、実に95%を超えるほどの人気を誇る。『自分を変える習慣力』『相手を変える習慣力』『チームを変える習慣力』（以上、クロスメディア・パブリッシング）他、著書は累計30万部を超える。
株式会社チームダイナミクス：
http://www.teamdynamics.co.jp
三浦将メールマガジン：
https://www.reservestock.jp/subscribe/24613
オンラインサロン「習慣塾」：
https://www.reservestock.jp/conclusions/4464

知的生きかた文庫

自己《じこ》肯定感《こうていかん》が高《たか》まる習慣力《しゅうかんりょく》

著者　三浦《みうら》　将《しょうま》
発行者　押鐘太陽
発行所　株式会社三笠書房
〒一〇二-〇〇七二　東京都千代田区飯田橋三-三-一
電話〇三-五二二六-五七三四〈営業部〉
〇三-五二二六-五七三一〈編集部〉
https://www.mikasashobo.co.jp
印刷　誠宏印刷
製本　若林製本工場

ISBN978-4-8379-8760-4 C0130

知的生きかた文庫

マッキンゼーのエリートが大切にしている39の仕事の習慣

大嶋祥誉

「問題解決」「伝え方」「段取り」「感情コントロール」……世界最強のコンサルティングファームで実践されている、働き方の基本を厳選紹介！　テレワークにも対応!!

マッキンゼーで叩き込まれた「問いの力」

大嶋祥誉

元マッキンゼーのコンサルタントが説く、状況突破の無敵の思考法。「問い」力を身につければ、仕事と人生に大きな差がつく！　切り取って携行できる「問いリスト」付!!

疲れない脳をつくる生活習慣

石川善樹

グーグルも注目！　疲れない／だらけない／怒らない毎日を過ごすための次世代メンタルトレーニング「マインドフルネス」。驚くほど仕事や日常のパフォーマンスが改善する!!

優秀な人がこっそりやっている仕事のスゴ技75

木部智之

数々の炎上案件を対処してきたプロジェクト・マネージャーによる、仕事の時短・効率テクニック。資料作成／PC術／メール／思考法…他、知っているだけで大きな差が!!

1万人の脳を見てわかった！「成功脳」と「ざんねん脳」

加藤俊徳

仕事も人生も、すべては「脳の使いかた」ひとつ。日常の〝小さな刺激〟で8つの脳番地が目覚める！　脳科学者が20歳のときに知っておきたかった〝脳の秘密〟とは——

C50440